U0472426

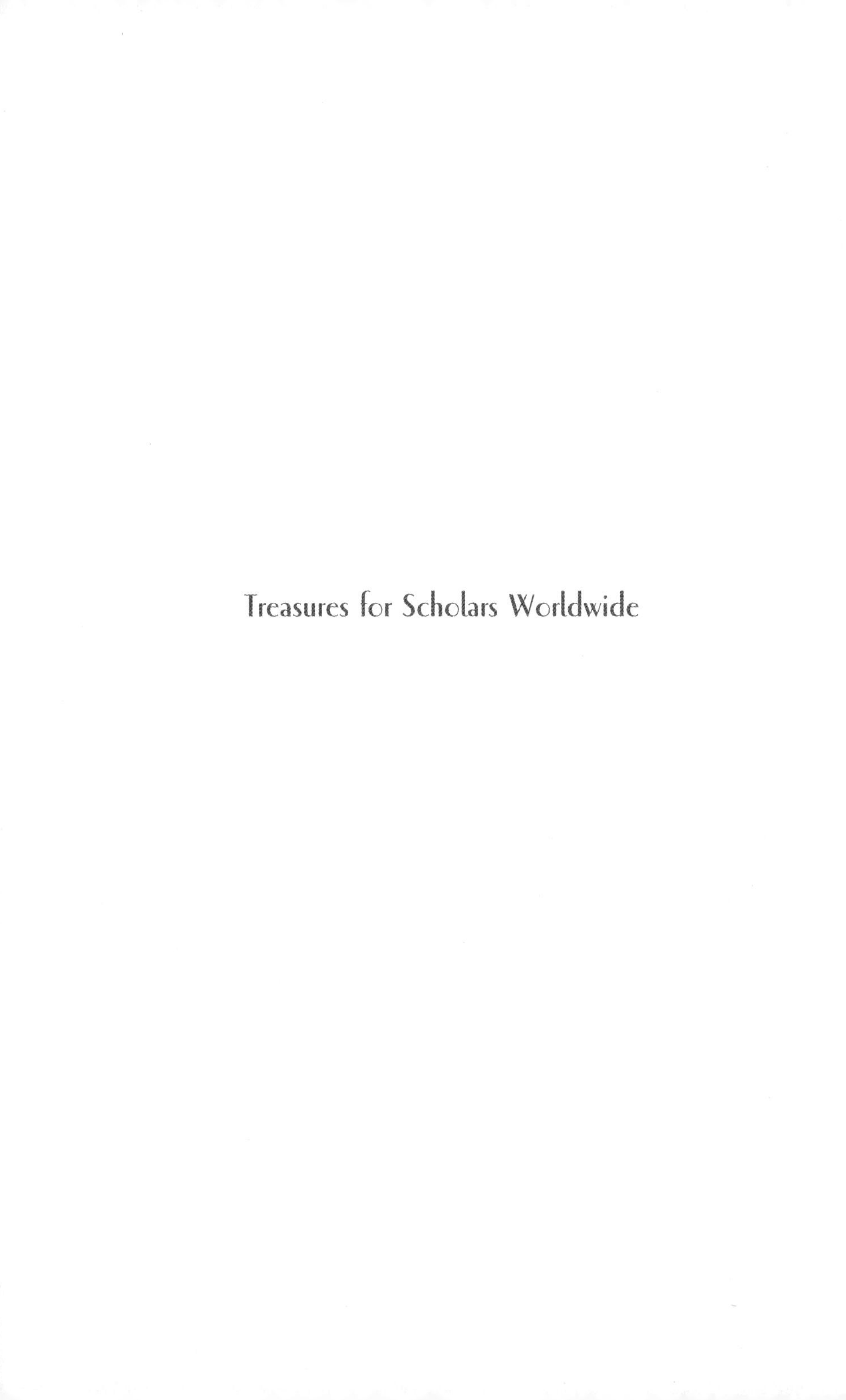
Treasures for Scholars Worldwide

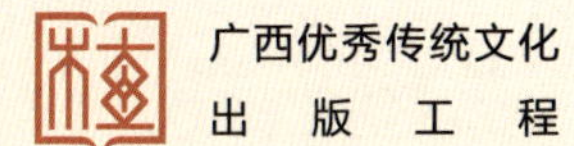


# 石刻里的广西

## 水陆交通卷

江田祥 刘方进 黎文宗 著

·桂林·

石刻里的广西 水陆交通卷
SHIKE LI DE GUANGXI　SHUILU JIAOTONG JUAN

**图书在版编目（CIP）数据**

石刻里的广西. 水陆交通卷 / 江田祥，刘方进，黎文宗著. 桂林 ：广西师范大学出版社，2024. 12. -- ISBN 978-7-5598-7735-2

Ⅰ. G127.67-49

中国国家版本馆 CIP 数据核字第 2024UG8242 号

广西师范大学出版社出版发行
（广西桂林市五里店路 9 号　邮政编码：541004
网址：http://www.bbtpress.com）
出版人：黄轩庄
全国新华书店经销
广西广大印务有限责任公司印刷
（桂林市临桂区秧塘工业园西城大道北侧广西师范大学出版社集团有限公司创意产业园内　邮政编码：541199）
开本：880 mm × 1 230 mm　1/32
印张：6.75　　字数：140 千
2024 年 12 月第 1 版　　2024 年 12 月第 1 次印刷
定价：36. 00 元

# 总　序

◆

广西地处中国南部，区位优越，东邻广东、西通云贵、南接越南，在中国与东南亚的政治、经济、文化交往中一直占有重要地位。广西这片土地不仅山川秀美、历史悠久，更因多民族的交往交流交融，绘就了璀璨的文化图景。

石刻作为一种独特的文化载体，承载着广西千百年来的历史记忆、文化传承与艺术精髓。广西石灰岩资源丰富，分布广泛，石质坚硬，便于雕镌。在尚未有文字记载的时代，广西先民就已学会在崇左花山等山岩崖壁上描绘日常生活场景，表达思想感情与艺术想象。广西现存最早的石刻，应是南朝刘宋时期的石质买地券，但刻碑风尚至少可上溯至东汉时期，东汉末建安二十一年（216）曾任零陵郡观阳长（观阳即今桂林市灌阳县）的熊君墓碑，虽立于今湖南永州市道县境内，但说明当时刻碑风气已在零陵郡一带广泛流行。

石刻在广西地区的广泛分布，不仅展现了中华文明在边疆地区扩散传播的轨迹，也是多民族交往交流交融的重要见证，为铸牢中华民族共同体意识发挥了不可替代的作用。广西历史石刻分布地域广泛、数量繁多，堪称通代文献渊海。自唐宋以来，广西刻石之风气经久不衰，至今留存了极为丰富的石刻文献，广西也因此成为中国石刻较为集中、特点鲜明的地区，素有“唐碑看西安，宋刻看桂林”的说法。广西石刻文献内容价值主要有珍稀性、系统性与普适性三个特点，石刻类型至少包括摩崖、碑碣、墓志、塔铭、买地券、画像题字、造像记、器物附刻等，石刻文体至少包括碑、墓志、颂、赞、铭、纪游、诗、词、文、赋等。晚清金石学家叶昌炽曾赞叹“唐宋士大夫度岭南来，题名赋诗，摩崖殆遍”，其中最有代表性的石刻，如桂林龙隐岩的《元祐党籍碑》、柳州柳侯祠内的《荔子碑》，以及桂林王城独秀峰读书岩上的王正功《鹿鸣宴劝驾诗》等。

近些年来，广西壮族自治区党委宣传部启动广西优秀传统文化出版工程。委托广西师范大学出版社策划并组织专家撰写这套《石刻里的广西》丛书，是目前国内为数不多的广西石刻丛书。本套丛书选题特色鲜明，通过挖掘广西丰富的石刻文献资源，讲好石刻里的广西历史故事，积极推动广西地区中华优秀传统文化的创造性转化、创新性发展。

本套《石刻里的广西》丛书共有十卷，包括《石刻通论卷》《历史名人卷》《山水人文卷》《民族融合卷》《文化教育卷》《水陆交通卷》《经济商贸卷》《科学技术卷》《摩崖造像卷》《书法艺术卷》。每一卷选取一些具有代表性的广西石刻，采取雅俗共赏、图文并茂的方式，用通俗的语言介绍石刻基本情况、解读石刻内容，讲述石刻背后的历史人物故事，揭示石刻背后的政治经济关系、山水景观塑造与文化交流网络等。

同时，我们也希望通过这套《石刻里的广西》丛书，引导更多人关注与保护广西石刻，让广西这些珍贵的文化遗产得以永续传承，并实现转化利用。

是为序。

江田祥

# 前　言

◆

广西地处陆疆与海疆交汇要冲，是中原与岭南、中国与东南亚国家的连接纽带。从秦朝开凿灵渠开始，至明清民国时期驿道、码头、桥梁、凉亭、关隘、公路、铁路的大规模建设，广西水陆交通史不仅是技术与工程的发展史，更是国家权力、地方社会与多民族互动的历史缩影。作为中原文明南下、岭南文化交融与海上丝绸之路贯通的节点，广西的交通枢纽地位在多民族与多元文化的互嵌互构中得以巩固提升，留下了众多跨越山川湖海的石刻印记。

《水陆交通卷》作为《石刻里的广西》丛书之一，精选了唐宋至民国时期广西各地具有代表性的交通石刻，能够大致勾勒出广西水陆交通发展的历史脉络与基本状况，不仅为读者讲述了石刻背后的历史故事，还通过特定历史阶段交通领域的主要特征与重大事件，揭示出历史时期广西交通在区域治理、资源调配、文化整合等方面的深层次社会问题，可为探究广西水陆交通在铸牢中华民族共同体意识中的作用提供一定参考。

本卷精选了38通石刻，内容涵盖城乡道路、水上交通、桥梁凉亭、码头渡口、河道整治、交通夫役、关隘要塞七大方面，生动地还原了不同历史时期广西的交通场景和社会风貌，呈现出广西水陆交通的诸多运作实态。

（一）城乡道路石刻

城乡道路石刻体现了广西官员、民众、士绅、商户、工匠等多元主体在道路建设中的团结精神与协作力量。他们通过牵头组织、捐资赠地、参与施工等方式，共同推动道路的规划、修建与维护。石刻内容不仅反映了道路建设对广西城乡交流、货物运输和文化传播的促进作用，还凸显了不同时期广西道路建设面临的挑战及人们克服困难的决心。

（二）水上交通石刻

水上交通石刻反映了广西河道交通的区域特性，呈现出不同流域在航道条件、运输产品和航运组织发展上的差异。作为区域发展的动脉，广西水运凭借其运量大、航线长、辐射广的独特优势，显著提升了物资与人员的流通效率，推动了广西沿岸城镇的商贸繁荣与地方治理能力。

（三）桥梁凉亭石刻

桥梁凉亭石刻详细记述了广西地方官府、士绅和乡民共同参与工程建设的过程，体现了地方社会处理公共事务的协作机制。桥梁与凉亭的设计因地制宜，与自然相协调，不仅便利了人们的日常出行，还是信息交换、商贸往来和文化交流的纽带，推动了广西多民族交往交流交融与区域社会发展。

（四）码头渡口石刻

码头渡口石刻生动展现了广西水上枢纽建设的历史图景。细致记载了地方官府规范渡口秩序、民间集资建设码头的具体过程，以及铺面出租、田产生息等经济手段的使用，显示了官民协作与经营创新在交通体系建设中的重要作用。

（五）河道整治石刻

河道整治石刻详实记载了灵渠、府江、都柳江河道的整治历程。碑文叙述了地方官府推动工程建设的历史背景、整治过程和最终成效，突出了地方官员为维护社会稳定、促进区域商贸往来等方面的政治考量，展现了各方力量为克服恶劣自然环境所付出的努力。

（六）交通夫役石刻

交通夫役石刻揭示了交通发展的人力需求对社会秩序和役夫生产生活造成的影响。碑文如实记载了广西底层民众在驿传、船差、设施修缮等繁重夫役下的艰难生存状况，以及官府通过惩处违规官员、规范差役分工等措施进行的纠纷裁决情况，展现了地方官员在维持交通运转与保障民生间的两难困境与应对策略。

（七）关隘要塞石刻

关隘要塞石刻彰显了广西关隘要冲在军事防御、商贸流通和地方治理中的多重价值。水陆关隘要塞作为军事防御的关键节点，保障水陆商路顺畅，促进区域安定繁荣，推动广西官府在制度与执行层面进行调整优化，沉淀出一套治理经验，为研究南方边疆治理体系提供了重要参考。

石刻文献不仅仅是历史过程的简单记录，还是解读历史进程的关键钥匙。广西水陆交通石刻既是王朝经略边疆的有力见证，也是地方社会在面对国家权力渗透时，不断自我发展与作出调适的物质载体，至少具有以下三点价值：

（一）历史见证与多元视角

广西丰富的水陆交通石刻遗存，是广西水陆交通发展的历史见证。自秦朝灵渠开凿以来，广西交通在道路修筑、河道疏浚、桥梁搭建等方面实现了持续的创新进步，展现了国家战略布局的影响与地方社会的能动调适。石刻记录了广西不同民族在交通建设中的合作与博弈，揭示了国家、地方与族群之间的互动过程，为广西历史研究提供了多元视角。

（二）空间属性与权力象征

交通石刻在渡口、桥梁、凉亭、关隘等交通节点上的空间布局，宛如一幅无形的权力地图，其所处位置并非随意选定，而是利益格局的具象化。中心区域交通干道上的石刻，往往彰显高层权力对重要交通枢纽的控制；而偏远地区交通要道上的石刻，则更多体现地方势力对局部交通节点的支配。

（三）区域叙事与文化认同

广西水陆交通石刻记录了地方社会在交通建设中的能动性与创造性，展现了广西不同区域不同群体团结协作共同推动区域发展的生动场景。这些石刻记载了广西水陆交通设施的规划、建设与分工协作过程，丰富了后人的历史认知，强化了各民族“多元一体”的文化认同。

广西水陆交通石刻详细记载了历史时期广西地理环境的变迁、交通网络的演变与经济文化的交融等情况，体现了广西作为重要交通枢纽的战略价值和各族群众的勤劳智慧。从秦朝的灵渠到当代的平陆运河，广西始终承担着沟通南北、连接海陆的使命。在喀斯特地貌与西江水系的自然基础上，广西先民因地制宜，通过“铧嘴劈流”连贯长江与珠江水系，利用“焚石凿滩”打通桂粤水道，运用悬臂廊桥、鱼鳞石堤等技术突破山川阻隔，在顺应自然规律的前提下能动改造环境，保障了岭南走廊的长久畅通。从历史地理学视角看，广西水陆交通石刻记录了广西从“地理边缘”走向“枢纽中心”的千年历程，揭示了中国边疆民族地区治理的实践路径，通过技术创新、制度调适和国家政策推动区域发展，实现人与自然的协调发展，为当下建设西部陆海新通道提供了重要的历史参考。

需要说明的是，本书采取分工合作、共同商定的方式进行撰写，每一篇都注明作者，以示文责自负。各篇行文风格虽有所差异，但尽可能统一体例，文风也力求通俗易懂。最后感谢提供石刻拓片、图片的各个文博单位与学术同仁，以及广西师范大学出版社编辑团队认真细致的编校，还有少量图片采自网络。

因时间匆促、水平有限，书中如有错漏之处，敬请方家与读者批评指正！

# 目　录

## 城乡道路



## 水上交通

# 城乡道路

## 沙洲上的铺桥修路
### ——明嘉靖三十四年《重建方牌桥路亭碑记》

《重建方牌桥路亭碑记》，刻于嘉靖三十四年（1555），竖纵式方形碑，碑身高153厘米，宽97厘米，楷书书体，作者罗清。《重建坊牌桥路题名碑》，刻于嘉靖三十五年（1556），竖纵式方形碑，碑身高168厘米，宽100厘米，题额为篆书，正文为楷书，作者李瀛。此二碑现立于梧州市长洲区泗洲村青山庙内，拓片收录在《粤桂毗连地区传世碑铭汇集初编》一书中。

泗洲村，位于梧州城区西二十五里浔江中的一个内陆岛。因浔江河水长期冲刷，江中逐渐形成系龙洲、长洲、泗化洲、思恩洲等沙洲。泗洲村原名思化洲，思化洲的形成时间，文献无征，但至迟南宋时期已出现，南宋《舆地纪胜》卷一百八一有明确记载："思化洲，在州西二十五里大江心。"明嘉靖《广西通志》卷十四《山川志三·梧州府》也记载了"思化洲，在长洲南五里，有民居"；明末崇祯《梧州府志》卷一《舆地志》记载长洲时提及了思化洲："大江中纵三十里、横三里，民居甚繁，产弃寄生。自此而上有思恩洲、思化洲、思礼、黄它（陀）洲、表洲、托洲、

重建方牌桥路亭碑记

禤洲，皆在江中，然居民差少于长洲。”入清后，思化洲更名为“泗化洲”，居民也逐渐增加，雍正《苍梧县志》卷二《舆地志》“山川”记载：“泗化洲，城西南二十七八里，江中纵横三里许，居民数百家，果木繁盛。”同治《苍梧县志》卷五《风土志》记载泗化洲、思恩洲两地的居民“以刺船为业”，即以撑船为业，数百家居民多以撑船运输为业。

思化洲上的青山庙，不知始建于何时，同治《苍梧县志》卷七《建置志》记载青山庙“建无考，有唐碑，字灭。至今神灵甚赫，其神曰黄白黎李，俗称五位朝官，常有青蛇绕神衣袖间。每岁上元，洲人赛神，唱下里歌，盖旧俗也”，青山庙里有唐碑，但字已磨灭，庙中供奉黄白黎李神灵，称为“五位朝官”，每年上元时举行赛神仪式，唱下里歌。

这两块嘉靖三十四（1555）、三十五年（1556）的石刻，颇为珍贵，它们不仅证实了明中叶思化洲上的居民情况，更揭示了沙洲社会内部修建庙宇、道路、牌坊等情形。根据碑文可知，明中叶嘉靖年间，泗化洲居民已建有怀德社、青山庙，青山庙中供奉的五相大王（五位朝官），据说传自李唐之世，“自古传流唐朝殿被火灾，忽得五神显现救焚而扑灭矣”，因此朝廷广为立祠祭祀，泗化洲民众由是“相继以崇厥祀”，鼎建祠庙，“庙宇巍然”。

嘉靖十年（1531），由于怀德社庙、青山庙年久朽坏，“洲人推举主、化缘等，起造社宇、雕塑神像”。后来洲上牌坊年久朽坏，多年未重修，加上社庙屋顶漏雨，洲上桥路不堪行走，因此在嘉靖三十三年（1554）间，泗化洲民众又商议再次改造扩建，至嘉靖三十四年（1555）秋季竣工，改造的内容包括“起造方牌，

重建坊牌桥路题名碑

改砌桥路，修理社宇，彩装众圣”，“凡百修饰，焕然一新”。

《重建方牌桥路亭碑记》记载此次思化洲重修之事，由劝缘蒙惠济、罗清会众人共同商议，主缘陈德照、李法现共同负责修理，因改造耗费钱财较多，需要广为化缘洲内外同仁，“化缘持疏，普化洲方，四远贤良，舍财添同”。根据相关资料得知，罗清为苍梧县庠生，祖先自明初迁居思化洲，罗清为八世孙。重修青山庙时罗清作为劝缘坊老，负责外出募捐，碑刻上也有明确记载：“劝缘坊老罗清舍银二两，眷人陈氏舍银三钱。”罗氏夫妇捐款数额仅次于主缘陈德照夫妇及李法现夫妇。李瀛为梧州府庠生，曾祖父李汝功、祖父李宷、父亲李楫都是贡生，都曾在外地为官，《李氏族谱》载“瀛公，楫公次子，郡庠生，娶妻陈氏，无子嗣”。

两通碑文共留下700余人的名字，包括2名主缘、10名坊老（含3名劝缘坊老），以及若干干缘、化缘、生员、信官、信吏、承差及普通男女信士，虽不能确定皆为思化洲洲民，但应可肯定有不少人。嘉靖年间思化洲怀德社庙、青山庙及门前牌坊、桥路，因年久失修而破烂不堪，在坊老等人积极倡导下，地方信众自愿捐资并募工重修。在此过程中，地方坊老发挥着重要作用，广为募捐，并主持各项修缮工作的开展；还得到府庠生、生员、阴阳道士等人员的广泛参与。可谓得到地方精英和普通大众的广泛支持，乃至于工程竣工之后，当地民众还要举行奠谢仪式，同时将修缮庙宇的情况刻在碑上并安置于庙中，因此这些石刻成为记载乡村历史事件、反映地方社会权力结构的重要文献，是梧州地方文化重要的石质载体。

（李金霞、江田祥）

## 省城官民合力修街道

### ——清道光二十二年《重修象元街碑记》

此碑刻于道光二十二年（1842），现存桂林市象鼻山公园内的滨江路河堤墙上。碑文记叙了桂林绅商士民重修象元街的始末和捐资及收支情况，序文首先描述了象元街的地理位置，其地接山河，连通着象鼻山和桃花江、漓江，可谓水陆要道，虽然道路不宽，但却是城内官员士绅和附近百姓出行及游玩象鼻山的必经之地。因车马往来较多，路面容易损坏，因此经常出现凹凸不平的状况，若遇雨雪天气，则更是难以行走，于是在冯枝乾等12名首事的倡导下，桂林部分官员带头、附近百姓响应，共同集资重修了象元街，另外共有207人及张氏家塾、唐聚合、和盛店、万泰号、成美店、恒裕店、牛行、奇门印等商铺或机构参与捐资。在修整街道路面的同时，还迁移了炮岸，新修了码头，并酬神刊碑立碑，剩下的钱则存于本街社庙生息，用于春秋祭祀。此碑虽为一方普通的纪事功德碑，但彰显了清代桂林官民合力共建公共交通的力量与价值。

桂林城市街道自唐代形成雏形，唐武德四年（621），桂州总

重修象元嶺路
兼護鹽法道桂林府正堂
署理全州營守府劉
道光貳拾貳年

管李靖首次在独秀峰下建子城，唐大中年间和光启年间又两次增筑。据唐末莫休符《桂林风土记》所记述的范围而绘制的《唐代桂林城图》上标示的道路符号显示，唐代桂林城街道有9条，总长约8千米。东西横贯子城的街道与南北直穿外城的街道呈十字相交，这个相交地段即今十字街一带，成为后来桂林城区的中心。南宋宝祐六年（1258）至咸淳八年（1272）曾4次增筑静江府城池。从南宋咸淳八年（1272）绘制在鹦鹉山南面山腰上的《静江府城池图》可知，当时城中街巷迅速增多，有干道18条，长约7千米，城墙已经南扩至今榕湖杉湖北岸，北抵鹦鹉山。元代，桂林城也经历过修缮，但城市规模没有扩大，主要是将部分城墙由青砖改为条石，开辟了14座城门，城门上建有楼阁。明朝时期，桂林城进一步南扩至桃花江畔，从今虹桥坝处向东开凿了一段护城河，至象山与漓江汇合，使之成为新护城河，原护城河成为城中内湖，逐渐演变为桂林城内景观，城门改为12座，城中建设了靖江王府，形成城中有城的格局。

到了清朝光绪年间，桂林城区街巷达194条，主要街道有鼓楼大街、东门大街、东门外大街、南门大街、西门大街、北门大街和文昌门大街等，街道宽1~3米，为青石、卵石或泥土铺垫路面。民国二十二年（1933）起，桂林市政工程处开始扩修街道，至1940年修建了北极路、桂北路、中北路、建干路等数十条街道，路面宽8~30米，初步形成了可通行汽车的道路网。1949年底，桂林市区有道路63条，总长33.91千米，总面积29.34万平方米，都是黄泥碎石路面，其中有7条路中央铺了6米宽的沥青路面。改革开放以后，桂林旅游迎来爆发性发展时期，市政府进行了大规模的城市改造，原来狭窄的街道被拓宽，原来破旧的市容焕然一新。如今的滨江路，一直以来都是桂林人最引以为豪的一条“国宾级”道路，近千株枝繁叶茂的树木编织成了绿色穹顶，诗意盎然，令人回味。

象元街一带为现滨江路靠近象鼻山的一段，曾建有水陆货运码头。20世纪70年代后期，旅游业兴起，逐渐变为客运码头。民国以前，桂林的繁华街道主要是水东门（今解放桥西）至王辅坪（今正阳路）周边以及码头密集的盐行街（今滨江路北段）。民国以后，随着城市的扩大和交通条件的改变，商业中心区逐渐发展为桂东路（今解放东路）、中山北路和中山南路以及正阳路一带，各种商店、货栈之类多集中在正阳路与桂东路及周边，包括洋货店、杂货店、洋油公司、食品店等。随着城市发展格局的变迁，许多的街巷变宽了、变长了，也有些街巷变短了甚至消失了，象元街如今已经没有了痕迹，它的变迁同时也是桂林城市街道交通发展变化的一个缩影。

（刘方进）

## 平梧公路的前世记忆
### ——清光绪十九年《开通平梧陆路碑记》

《开通平梧陆路碑记》一碑刻于光绪十九年（1893），今现存于两个地方：一在今贺州市钟山县境内国道323线十二车桥旁的山壁上，一在桂林市平乐县下关的一块山壁上。前者碑文字体是楷书，厚重古拙，强劲有力，后者为隶书，记述了光绪十八年（1892）广西巡抚张联桂命令总兵马进祥率领民工开通平乐县到苍梧县之间陆路通道的事迹。碑文首先叙述了平梧陆路的工程概况，即总计用夫583人，从平乐县的榕津起，到苍梧县的龙母庙止，一路伐山斩木，推高夷险，总共修建道路549里（1里等于0.5千米）、桥梁78座、渡口3个、行馆7所，用时10个月，耗资23690缗。然后按官职大小罗列了参与商议修建此项工程的官员，主要有广西布政使、按察使、桂平梧盐法道台、桂林知府、梧州知府等。

平乐至梧州的河道沿线，山势险峻，崖高林密，自古以来，水陆交通险恶。桂江河道险滩众多，水位落差大，水流湍急，往来行旅皆受其苦。秦汉以来，桂江一直是岭南地区沟通中原的重

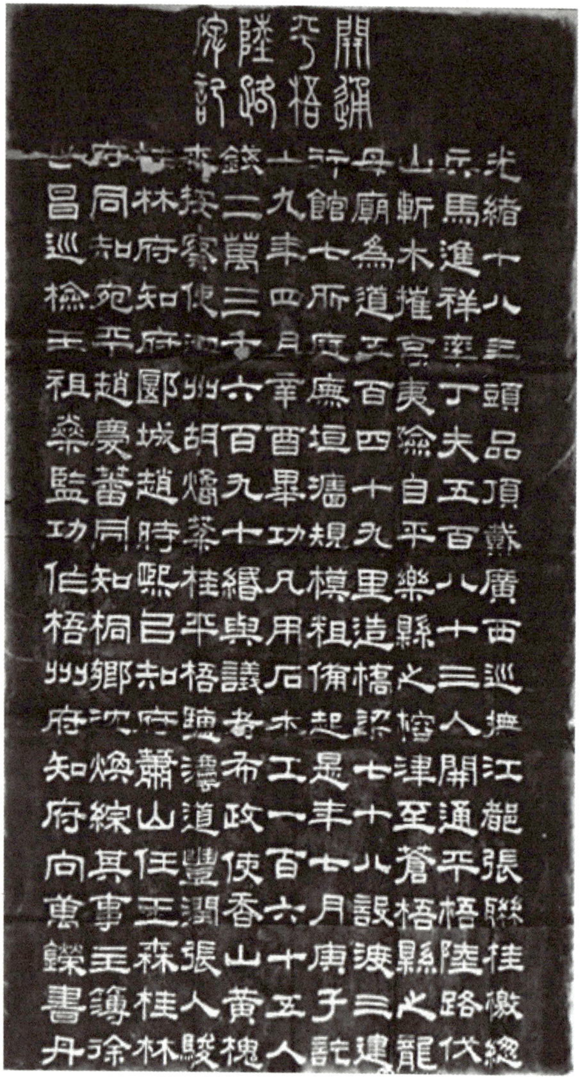

开通平梧陆路碑记（局部1）

要航运通道。桂江往北通过灵渠可连接湘江，转洞庭湖进入长江航道，担负着湘、桂、粤等省粮食、食盐、铜铁等货物的运输任务，官府对这一航道的畅通非常重视，明清时期进行了几次规模较大的疏浚。明万历十三年（1585），广西按察使司副使韩绍“召商伐去沿江林木，开一官路，令舆马通行，平乐抵昭潭二百里，昭潭抵苍梧界三百三十五里”，这次修筑为平乐至梧州的陆路交通增加了一条新的坦途。万历十九年（1591）平乐知府黄文炳、万历三十七年（1609）平乐知府陈启孙均再次固修增阔，使这条道路更加通畅。为了更好发挥桂江一线的通航作用，明代广西地方官员还整治了府江河道。万历三十六年（1608），广西巡抚蔡应科、平乐知府陈启孙招募巧匠黄仲拙主持排除险滩工程，使用三角船、五爪龙、蜈蚣铲等独特的除礁工具，用时三年除去20余处险滩，自此“舳舻络绎，上下无大虞”。

清末光绪年间，随着资本主义的入侵和西南沿江沿海城市的陆续开放，梧州的地位日益凸显，桂江的航运随之愈加繁荣，往来桂林和梧州的航船不断增多，船体不断增大，桂江河道上的险滩对过往船只的阻碍作用也越来越明显。光绪十三年（1887），经张之洞上奏，清政府委派平乐知县陈瀛藻携带机器、炸药以电线轰发，凡险要恶石连根炸碎，“由苍梧以迄阳朔，约七百余里，共开险滩三十五处，商民往来莫不称便”，广东、广西、湖南等省的商船成群结队往来在这一航道上，运销各类工业品和农产品，桂江航运得以更加兴旺繁荣。桂江水路运输的繁忙推动了河道沿线经贸的发展和人口的增多，进一步开通平梧陆路成为迫切

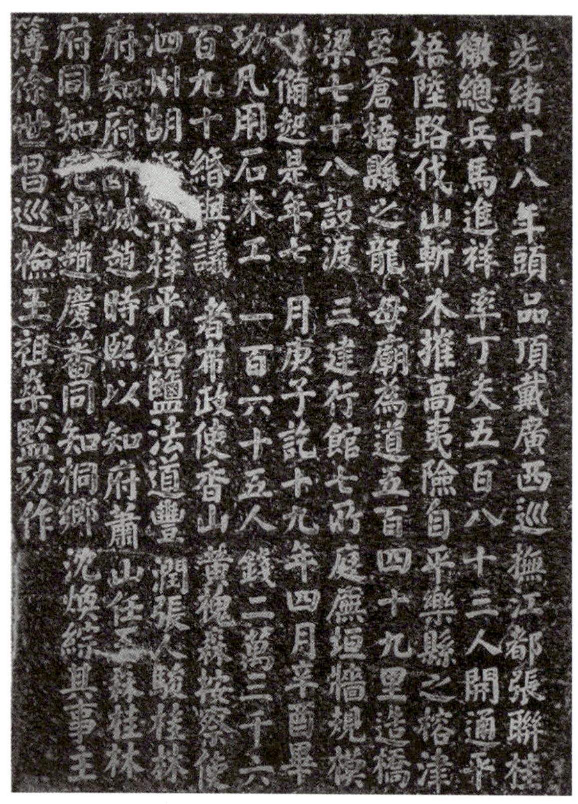


开通平梧陆路碑记（局部2）

需要。光绪十八年（1892），广西巡抚张联桂顺应时势，倡首推动了这项工程的进行，推进了广西陆路交通的发展，使之与桂江航运相辅相成。不过半个世纪后，1936年粤汉铁路开通，广东、湖南两省商人多改从铁路运输货物，桂江航运随之萧条。

（刘方进）

## 封疆大吏的独秀寄情

### ——清光绪二十一年《重修独秀峰石路记》

《重修独秀峰石路记》摩崖在桂林市秀峰区独秀峰半山小憩亭旁，刻于光绪二十一年（1895）。碑文由时任广西巡抚的张联桂撰写，主要记叙了地方官员修缮独秀峰登山道路一事。碑文首先说明了独秀峰原有上山石阶306级，道光癸巳即道光十三年（1833），时任广西巡抚的祁𡎴曾经对独秀峰登山道路进行过修缮。然后叙述六十年之后，登山道路损毁的景象，光绪乙未即光绪二十一年（1895），时任广西按察使的谢光绮（字方山）倡首组织再次修缮了独秀峰登山道路。修缮后的登山道焕然一新，靠山崖的一面建有短垣防止跌落，山上景致和山下景色更加宜人。碑文最后强调独秀峰的奇特，称其为风水宝地，有紫袍金带之目，俗称紫金山，既瑰玮绝特，又人杰地灵，希冀本地人士奋发向上，人才辈出，作出更多成就。

独秀峰位于广西桂林市靖江王城内，孤峰突起，陡峭高峻，气势雄伟，有“南天一柱”之称。山之东麓的读书岩是桂林最古老的名人胜迹，南朝文学家颜延之为此曾写下“未若独秀者，峨峨郛邑间”的佳句，独秀峰因此得名。独秀峰如擎天柱一样竖直耸立，峰顶的独秀亭似乎被托着一般，威严而又壮观。西麓有太平岩，东麓有月牙池，月牙池畔有中山纪念塔。在独秀峰下，唐大历年间建有学宫，宋有铁牛寺，元称大圆寺，后改名万寿殿，明代为靖江王府第，清代改为广西贡院，科举兴盛。民国时期，孙中山先生曾驻节于此，设立北伐大本营，运筹北伐大计；后为广西省政府，为当时广西政治和军事活动的中心；现今为广西师范大学的校区之一，于1996年公布为全国重点文物保护单位，2010年公布进入全国首批23处国家考古遗址公园名录。

登上独秀峰顶可俯视全城，万山环拱，绿海叠翠，使人有超然出世之感。由山西麓一条曲折的石磴道上山，穿九曲桥到仰止亭，崖上石刻很多，《重修独秀峰石路记》便是其中之一。据统计，独秀峰现存民国以前的摩崖石刻132件，其中唐代1件、宋代6件、元代3件、明代47件、清代75件，以题名、题诗居多，还有题榜、题字、记事、绘画等类别。清代的一些大字榜书，真草隶篆俱全，如黄国材“南天一柱”、张祥河“紫袍金带”、慈禧书“寿”字等，其中“寿”字榜书也与张联桂关系密切。

独秀峰自古以来是一个求福求寿的灵山宝地，南宋时曾被宋高宗赵构赐名为“福寿山”，自此之后上至达官贵人，下至黎民百姓，纷纷来这里祈福求寿，因此留下大量福寿碑刻，目前保存下来最有代表性的“寿”字碑刻有三处，分别位于独秀峰的山顶、山腰和山脚，人们将这三个寿字合称为“天地人齐寿”，其中最具代表的当属人“寿”。光绪二十年（1894)，适逢慈禧六十大寿，

重修独秀峰石路记（广西壮族自治区博物馆藏品）

广西巡抚张联桂将太平岩洞中60太岁石像拓片连同贺礼一并送到北京，慈禧太后大悦，亲书“寿”字赐予张联桂。回桂林后，张联桂将此“寿”字刻于独秀峰南壁，寓意“寿比南山”，此事屡遭后人诟病。虽说张联桂在小节上有所亏损，但在戍边守疆等大是大非问题上，其所作所为光明磊落。光绪十年（1884），中法战争期间，中国军队虽然在镇南关一战中大捷，但腐败无能的清政府仍把国家利益割让给法国。在勘界谈判中，为了严固疆防，张联桂细勘舆图，据理力争，收回了龙州要隘金龙洞，使大片国土得以保全；中日甲午战争期间，张联桂坚持抗倭必能取胜的主张，持卫疆主战态度，两次上书反对《马关条约》，被后人称为“爱国疆吏”。

（刘方进）

# 亭子米市兴盛的铭功石证

## ——民国八年《重修米行顶横巷题名碑记》

《重修米行顶横巷题名碑记》现存于南宁市江南区福建园街道亭子村亭子正街靠江南大道的人行道旁，刻于中华民国八年（1919）。碑石已断成两截，残碑高约70厘米，宽58厘米，厚12厘米。碑文主要记载了民国初年亭子圩市米行一带商民捐资重修米行顶横巷的概况。序文首先言明道路对于人们出行的重要性，而后介绍米行横巷的现状，即“旧有码头焉，起造历有年所，加以牛羊践履，水冲石陷，倾圮不堪，行人苦之”。然后强调该巷道的重要性，“况此路上通忠、左、上思，下达钦、灵一带，诚要道也”，借此发出呼吁，号召大家“热心公益，各捐私囊，以致集腋成裘，共襄美举”。接着叙述了重修横巷的经过，“爰即鸠工垒石，阶级焕然”，进而对捐修者进行了赞颂，最后附列了各捐修主体名号和收支情况。

碑中所列捐资者既有本地本村的、外村的，也有外地如上思的，还有以家族、商铺和公司等名义捐赠的。据统计，参与捐资的个人有37人，捐资金额从5毛至6元不等，其中凌、雷两姓居多；捐资的传统商铺有履记栈、万兴栈、李忠记、李和记、益昌号、福成号等13家，新型经营主体即以公司为名的有胜和、和合、就是、泗利、永发、义发、泰利、万胜等8家，另外还有“雷二冬祠”参与捐资。从这些捐资者的身份来看，应为居住在横巷一带的居民或在此从事贸易的商人，彼时，当地商业气息浓厚，社会结构呈现出多元化特征，外来文化与本土文化在此相互碰撞交融。在这样的环境下，大家对公共事务表现出了极高的热忱，踊跃参与公共工程建设。收支方面，总计收银87元、支银87元，收支相抵，支出方面主要有：石匠泥水和包料石灰、石条银65元2毛，石碑刻字和添买石条并人工银21元8毛。

在南宁，广泛流传着“先有亭子渡，后有南宁城”这一说法。北宋时期，邕江南岸的亭子一带已崭露头角，凭借诸多得天独厚的条件，成为了重要的居民聚集点与繁华的商埠码头。亭子一带的邕江，河面宽敞、水流平缓，凭借水运之便，南来北往的商船纷纷在此停靠，人员往来络绎不绝，逐渐形成了颇具规模的圩市。明清时期，亭子圩市进一步发展，成为周边地区重要的商品集散地，农产品、手工业品等在此交易，吸引了大量商贩和村民，促进了南宁与周边地区的经济交流和文化融合，为亭子圩市注入了更为丰富多元的文化内涵。

此碑记生动确凿地记录了民国时期亭子圩市的繁荣景象，这一时期亭子正街一带声名远扬，素有“米行街”的美誉，堪称彼时南宁周边粮食交易的核心场所之一。当时的亭子圩人口数量达到了1300多人，在这众多人口中，绝大多数人以投身商业活动作为维持生计的主要途径，他们或是经营店铺，热情招呼往来顾客；或是奔波于交易场所，为促成一笔笔生意而忙碌。在那片熙攘的

重修米行顶横巷题名碑记　残

区域，粮食贸易蓬勃兴盛，同时也带动了其他产业的发展。街巷之中，旅店、公司如雨后春笋般纷纷开设，鳞次栉比的店铺将街道装点得琳琅满目。往来的商旅络绎不绝，人潮涌动、热闹非凡的场景令人目不暇接，吸引着大量外地客商纷至沓来。亭子周边地区，诸如吴圩、那马、良庆、横塘等地物产丰富，当地的谷米、生猪、黄糖、生油、柴炭、山货等各类物资，均被源源不断地运送到亭子圩市进行售卖。为了更好地服务远道而来的客商，亭子出现了一批经纪行庄，他们考虑周全，特意设有猪局、牛栏，专门代客存养牲口。每至圩日，数千人从四面八方赶来，一时间叫卖声、谈笑声交织在一起，整个亭子圩市沉浸在一片繁荣而又充满活力的氛围之中。据《民国时的南宁亭子圩社会调查报告》记载，当时圩市内共有大小商店150多家，另有200多个小贩在此经营，圩市的人流量随季节变化，春秋两季平均约4000人，夏季约3000人，冬季则可达5000多人。沿河一带是圩市最繁华的区域，鸡鸭行、猪仔行、米行、正行、菜市行等交易活跃，每逢节圩更是热闹非凡。

相传亭子圩市居民的先人大多来自山东白马，亭子一带现存多座庙宇，如白沙村雷庙，祭祀雷祖大帝，承载着百姓对自然神灵的敬畏，祈愿风调雨顺，佑护一方平安；狄武襄公祠，纪念北宋名将狄青，铭记其昆仑关奇袭壮举，激励后人勇毅前行，不惧艰难险阻；平西村伏波庙，祭祀东汉名将马援，鼓舞人们奋勇开拓，祈望富足安康。这些庙宇不仅是建筑上的瑰宝，更是亭子一带深厚文化底蕴的生动体现。

随着时代的巨轮滚滚向前，各类跨江桥梁如雨后春笋般在邕江上拔地而起，现代交通运输业以迅猛之势蓬勃发展。在这股时代浪潮的冲击下，亭子圩市原有的交通枢纽地位逐渐被削弱，曾经依赖的水路运输受到了强烈的冲击，如今的亭子圩市虽不如从前那般熙熙攘攘、人声鼎沸，充满着古朴而浓郁的传统市集韵味。但与之相邻的农贸市场依旧是周边居民重要的民生场所，经历升级改造后，保持着热闹繁华的景象，以丰富的商品、实惠的价格和热情的服务，满足着附近居民的日常需求，成为了连接过去与现在、传统与现代的重要纽带，延续着这座城市的烟火气。附近的亭子码头及其周边区域也迎来了华丽的升级改造，成为了集观光、文化、餐饮等多项功能于一体的滨江商业综合体。漫步亭子码头，现代化的建筑与邕江的自然风光相得益彰，游客们可以在此欣赏到邕江的秀丽景色，感受亭子深厚的历史文化底蕴，品尝到各类特色美食。曾经辉煌一时的亭子圩市，在新的时代背景下重新焕发出蓬勃生机，续写着属于它的精彩篇章。

（刘方进）

## 湘桂友谊的历史见证
### ——民国三十年《湘桂金结桥碑记》

《湘桂金结桥碑记》碑在桂林市龙胜各族自治县龙胜镇拐江村委金结村桥头，刻于中华民国三十年（1941）。碑的正面上书“桂湘金结”四个大字，落款“民国三十年三月罗英题”。碑的背面是碑文，记录了抗日战争期间，湘桂两省人民共同修筑桂穗公路保障物资运输通道的故事，抄录碑文如下：

庚辰春，英奉令兴修桂穗公路，由桂林经湘境而达黔之三穗。桂段自桂林至宛田，于双十节已完成通车，而宛田至青龙界，路线所经，削壁悬崖，山峦重叠，深溪绝涧，水道纵横，乍燠倏寒，气候恶劣，蛮烟瘴雨，疾疫时行，道路既极险阻，工作又多折磨。乃于是年寒十二月，征调桂民工四万，招募湘石工二万，正式开工，越四月而全段打通。工程之速，实所仅见。金结河桥适位于斯段中心，因就其原名，冠以“桂湘”二字，盖取两省黎庶合作，共襄厥工，有如金石契结之义，题碑其间，以示不忘。自今以后，两省间文化习尚之日益沟通，经济物资之日益发展，举凡有利于

湘桂金结桥碑记

国、利于民者，尤赖于桂湘人士之契结努力者矣。

中华民国三十年辛巳季春江西省南城罗英记。

1939年11月，为打破日军封锁，打通抗战物资运输线，开辟川、黔、湘、桂四省的交通要道，国民政府军事委员会命令修建广西桂林经湖南靖县（今靖州苗族自治县）至贵州三穗的公路，广西负责桂林至青龙界长约150公里路段的修筑。1940年3月起，桂穗公路沿线约15万民工艰苦奋战在480多公里的崇山峻岭、幽谷深涧之间，这条需要两三年工期的公路仅用一年时间便初步完成。为铭记修建抗日公路民工的丰功伟绩，广西政府在桂林至青龙界路段的中间即金结乡金结桥头旁立下此纪念碑，由总工程师罗英题写碑文，“桂湘金结”四个大字表达了广西与湖南两省人民在修路过程中金石契合般的团结精神。

桂穗公路的修建可谓十分艰辛，由于当时缺乏先进的施工机械，筑路工人要用锄头刨土挖山，用钢钎和铁锤撬石头、开炮眼、炸顽石，修路所需材料常常供应不足、运输困难，山体滑坡、塌方等地质灾害时有发生，道路沿线雨雾笼罩、潮湿闷热、瘴气横行，对筑路工人的生命构成严重威胁，爆破作业稍有不慎就可能引发事故，峭壁上修路一失足便会坠入深渊，修路工程十分危险。加上当时医疗条件有限，筑路工人感染瘴毒、患上疟疾后，死亡率很高。尽管困难重重，但筑路工人不畏艰难、不惧险阻、不怕牺牲，用简陋的工具齐心协力战胜千难万险，桂穗线仅用时一年便完成了初步通车，因部分工程不完善而没有完全完工。从1940年3月动工修筑，至1944年4月国民政府交通部公路总局核批竣工，桂穗公路修筑前后历时四年多才告完成。从当时的社会环境来看，桂穗公路的修建在政治、经济、军事等各个方面都有着重大意义。

桂穗公路的总工程师罗英，江西省南城县株良乡祥岗村人，我国著名的桥梁建筑专家。罗英于1937年11月调任湘桂铁路桂柳段测量总队长，1938年提升为湘桂铁路桂南段工程局副局长兼总工程师，负责桂林至柳州铁路的勘测设计和施工任务。1940年4月，国民政府交通部在桂林成立“桂穗公路工程处”，任命罗英为处长兼总工程师，主办桂段工程及督察湘、黔两段工程。中华人民共和国建立后，罗英任华东交通部支前公路修建委员会总工程师。不久调任重工业部顾问工程师兼唐山工学院结构系教授。1953年应聘为武汉长江大桥技术顾问委员会委员，当时大桥负责人中，不少是茅以升、罗英的学生。罗英任人唯贤，大力培养技术骨干，对建桥提出了许多很有见地的建议。

金结村位于龙胜镇政府驻地南5千米，辖拐江、洪门等13个自然村，世居有壮族、瑶族、汉族等民族。金结村过去叫拐江村，因和平河到这里突然出现一个七十度大拐弯而得名，其村名和区划经历了多次更迭，2017年3月起改称金结村，究其渊源即来源于“桂湘金结”碑记。金结村辖的洪门屯是个风景如画的壮族村寨，位于高石山的半山腰上，寨上的木楼依山而建，星罗棋布分散在梯田间，形成了一道靓丽的风景。站在寨子的木楼上，往下眺望，层叠弯曲的梯田从金车河铺展到寨边，秋天稻谷成熟后，梯田像一条条飘舞的金黄色彩带，缠绕着宁静的山寨，如诗如画，壮美迷人。若是雨后天晴，云雾缥渺，木楼与梯田若隐若现，置身其间，仿佛仙境一般。

（刘方进）

# 水上交通

# 晚唐的南方生命线

## ——唐咸通十一年《桂州重修灵渠记》

桂州重脩靈渠記　魚孟威

靈渠乃海陽山水一派也謂之灕水焉舊說秦命史祿吞越嶠而首鑿之漢命馬援征徵側而繼疏之所用導三江貫五嶺濟師徒引饋運推俎豆以化猿飲演墳典以移鴃



舌蓋禹貢遺堯化也則所繫實大矣年代寖遠隄防盡壞江流且潰渠道遂淺潺潺然不絶如帶以至舳艫經過皆同夾濟雖篙工檝師駢臂束立瞪眙而已何能爲焉雖仰索挽肩排以圖寸進或王命急宣軍儲速赴必徵十數戶乃能濟一艘因使樵蘇不暇採農圃不暇耰靡間晝夜畢遭羅捕鮮不顚夭脊怨胥險道去矣是則古因斯渠以安蠻夷今因斯渠翻勞華夏識者莫不痛之洎乎寶曆初給事中李公渤廉車至此備知宿弊重爲疏引仍增舊跡以利行舟遂鏵其隄以扼旁流斗其門以級直注且使泝沿不復稽滯李公眞謂親規養民也然當時主役吏不能協公心尚或雜束篠爲堰間散木爲門不歷多年又聞湮圮

文苑英華　卷八一三　記

桂州重修灵渠记

此文最早收录在北宋李昉等人编修的《文苑英华》卷八一三，南宋王象之《舆地纪胜》卷一〇三《广南西路·静江府》“碑记”栏下记载了此碑目《重修灵渠记》；但宋代欧阳修《集古录》、赵明诚《金石录》、陈思《宝刻丛编》及清代谢启昆《粤西金石略》等书未收录此文；明景泰《桂林郡志》卷二十七《艺文》收录《重修灵渠记》一文，并注明“在兴安县”；今人张益桂《广西石刻人名录》一书称此文刻于灵渠飞来石；《灵渠志》则称今灵渠公园无法找到唐以前的碑刻，现存碑刻最早的时间在北宋庆历五年（1045）。唐代桂州刺史鱼孟威《桂州重修灵渠记》具有非常重要的史学价值，值得分析介绍。

灵渠，位于今广西桂林市兴安县境内，被誉为“世界古代水利建筑明珠”，是与都江堰、郑国渠齐名的秦代三大水利工程之一，也是目前世界上现存最古老的人工运河之一。它沟通了长江水系与珠江水系，连接了五岭南、北区域。秦汉以降，灵渠在国家统一、南方边疆稳定、民族交流融合、中外经济文化交流等方面，都曾发挥着重要作用。

在灵渠工程修建与发展史上，唐代无疑是最为关键的一个时期。晚唐咸通十一年（870），鱼孟威撰写的《桂州重修灵渠记》，无疑是记载唐代灵渠最重要的资料，它首先叙述了灵渠肇始于秦汉时期，史禄首凿、马援继疏，灵渠由此“导三江、贯五岭”，不仅在交通运输方面，“济师徒、引馈运”，而且在推动岭南文明化进程方面，也发挥着重要作用；其次叙述了李渤与鱼孟威两次大力修浚灵渠的背景、工程技术及其影响。

李渤，两《唐书》皆有本传，他于宝历元年（825）二月外任“桂州刺史、兼御史中丞、充桂管都防御观察使”（《旧唐书》卷一七一《李渤传》），任职桂管二年，后以“风恙求代，罢归洛阳”，太和五年（831）六七月间卒，享年五十九岁。李渤任职桂林两年期间，不仅主持修凿灵渠，还开发了桂林城郊的隐山、南溪山等山岩景观。

在安史之乱后，因岭南西部地区僚人、“西原蛮”“黄洞蛮”的相继变乱，朝廷多次征调军兵进入岭南地区，大量军粮的馈运也接踵而至。在宝历元年（825）之前，灵渠因“年代浸远，堤防尽坏，江流且溃，渠道遂浅”，来往船只经过时，篙工船师只能骈臂束立、张目惊视而已，因此需要仰赖纤户才能前行，在朝廷亟须运输军粮经灵渠至岭南时，须征用全义县（今兴安县）民户拉纤，而不间昼夜地征用本县民夫，则严重影响地方百姓生产，导致民众怨声载道，甚至纷纷逃离本县。

正由于灵渠的水上航运意义非凡，“古因斯渠以安蛮夷，今因斯渠翻劳华夏”，当李渤来到桂州经过灵渠时，决意疏浚灵渠，在前朝旧迹基础上疏浚灵渠河道，建造铧堤，导引海阳河河水进入南渠、北渠，造立斗门，这是目前最早明确记载灵渠铧堤、斗门的史料，由此来往船只畅通无阻，“不复稽涩”。

在四十多年后的咸通九年（868），朝廷以黔中观察使鱼孟威改任桂管都防御观察处置等使兼桂州刺史。此时岭南政治军事格局已发生了重大变化，自晚唐会昌年间以后，南诏多次大举进犯安南与邕管，唐王朝为加强应对，咸通三年（862）分岭南道为东、西道，处于军事前线的邕州成为岭南西道治所，安南都护府一度移驻南流江口海门镇，朝廷征调岭南以北的诸道军士前往支援，故需要运输大量粮饷源源不断地接济。据两《唐书》、《资治通鉴》等史料记载，咸通三年（862）至咸通六年（865）驰援岭南的士兵来源分别有荆南、湖南两道，山南东道，许州（忠武）、滑州（义成）、青州（淄青）、汴州（宣武）、兖州（天平）、郓州（泰宁）、宣州（宣歙）、润州（浙西）八道，禁军，徐泗团练，徐州等地；驻扎洪州的3万名镇南军弓弩手，主要来自河东道、河北道；其中留戍邕州的诸道军士频繁调动或数年一轮戍；湖南、江西、山南东道、淮南等内陆地区则是支援岭南前线军粮的重要产地。

咸通七年（866）十一月，唐王朝在收复安南后，“诏安南、邕州、西川诸军各保疆域，勿复进攻南诏”（《资治通鉴》卷二五〇《唐纪六十六》），依然保持着防御南诏东进的态势，不仅在安南设置了静海军，在岭南西道邕州一带也屯戍了大量诸道军队。岭南以北诸道军士的南来北归与前线军饷馈运，大多都要经过灵渠一线，故亟须打通岭南内河航运，及时补给前线军需，因此灵渠水上军事运输的重要性大大凸显，但此时的灵渠已湮圮毁坏、不堪使用。

鱼孟威其人，两《唐书》无传，亦不见其墓志资料，不知其籍贯、生平，他应在咸通九年（868）七月桂州庞勋等人兵变北上后抵达桂州，而桂州兵变的爆发当促使他革除桂管辖内存在的一些弊病。是年九月，他至桂州全义县（即今兴安县）细致考察了灵渠，“舣棹岭首，备观其事”，询问地方官员灵渠衰败缘由，决定再次全面进行修浚灵渠，并命末校刘素具体负责此次维修工程。

此次灵渠的疏浚始于咸通九年（868）九月，于咸通十年（869）十月竣工，历时十三个月，“凡用五万三千余功、费钱伍百三十余万”，此次修筑未使用官帑，而是通过“招求羡财”，并以善价来雇募夫役修渠，“以佣愿者”，悉用巨石堆筑铧堤，绵延二十千米；悉用坚木排竖斗门，斗门数量至十八重，此后灵渠往来水运畅通，也不用征调纤夫徭役，“虽百斛大舸，一夫可涉”。鱼孟威通过大力整治灵渠，疏通了湘江—漓江—瘴江道的咽喉之地，进一步完善了岭南军事运输网络，其重要意义不言而喻。故此举得到唐懿宗降诏嘉奖：“时上闻其兴役，远降诏书，猥赐嘉奖”；咸通十一年（870）四月，鱼孟威不无夸张地称道：“虽百斛大舸，一夫可涉，繇是科徭顿息，来往无滞，不使复有胥怨者”，期望后来官员时常维修灵渠，“冀后之居者不阙其修，行者不毁其修”，减少“民之艰苦”，发挥灵渠“长利民”的功效。

《桂州重修灵渠记》一文，不仅记载了晚唐时期李渤、鱼孟威两次疏浚灵渠的历史具体过程，也明确记载了灵渠工程技术核心：铧堤与陡门，宝历元年（825）李渤疏浚灵渠时所立陡门或为二重，至咸通十年（869）鱼孟威增加至十八重，奠定了后世灵渠工程的技术基础；从灵渠发挥的军事运输功能来看，它不仅保障了晚唐时期岭南地区的粮食馈运与后勤供给，更促进了晚唐帝国南部边疆的安定。

（江田祥）

# 清代两广航运的管理纠葛

## ——清乾隆四十五年《奉宪禁止滥封九江民船勒石永遵碑》

乾隆四十五年（1780）刻《奉宪禁止滥封九江民船勒石永遵碑》现存于梧州市博物馆，馆内还有一块嘉庆七年（1802）的残碑，无法辨识碑额，在此称作“佚名禁革碑”。这两方碑刻均为残缺碑石，可揭示清代两广地方官府管理西江水运历史面相之一斑。

明清时期，西江水运交通与岭南地区的社会转型息息相关。清代的岭南西米东输、东盐西运、滇铜东运三大跨境货物运输，均依靠西江水道实现。西江水道不仅发挥着珠江三角洲的米粮供应及盐铜贸易等多重作用，也推动着两广商品经济的繁荣发展。梧州是西江流域重要的内河城市与港口，是两广水上交通要冲，也是狭义上西江河道的起点。清代以降，西江流域上下游之间有大量人员、货物的频繁流动，也跨越了两广行政区划边界。至乾隆、嘉庆时期，两广交界的西江水面已成为地方政府治理的重要区域，关于两广地方官府治理、协调西江水面运输的内容，现有文献尚无详细记载。

佚名禁革碑

乾隆四十五年（1780）《奉宪禁止滥封九江民船勒石永遵碑》中的“督部堂桂”为时任两广总督伊尔根觉罗·桂林。而另一块佚名禁革碑中记载的官员有两广总督爱新觉罗·庆、广西布政使清安泰、广西按察使公峨，从他们任职时间及碑文记载推断此碑刻于嘉庆七年（1802）。

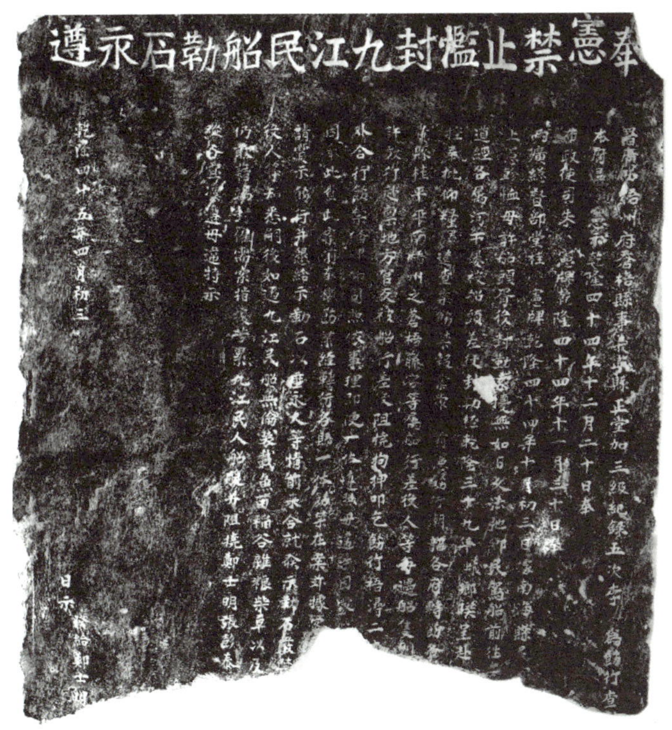


奉宪禁止滥封九江民船勒石永遵碑

上述两方碑刻属于典型的官府禁革碑，均记载广东商民和船户过境梧州府河面时遭遇船行、胥役封船勒索之情形。广州府南海县商民和船户自乾隆三十九年（1774）开始联名向官府控告被封船勒索之事，嘉庆七年（1802）的佚名禁革碑中载曰："本年三月十□日，黄富稳、刘语、黄万、罗贤、文顺、周登江等以滥索民危等事，乞叩阁督部觉罗古□，私设船行，抽分银两，最为苦累贫民"。碑文中虽未指明这些船户的籍贯，但可推测他们应来自广东地区，这些船户不堪梧州府衙役杨陞等人盘踞梧州江面"私设船行，抽分银两。"经过两广总督与广西布政使、按察使等官员共同审理，官府下令禁止勒索船户并立石公告。

乾隆至道光时期，是西江传统水运事业臻于全盛的时期。西江水运影响了传统中国社会晚期西江流域城镇的空间布局，梧州府得益于两广河道要冲的地理优势，使得西江水面上船只云集，上引两块禁革碑中记载了不少船户。梧州府苍梧县的戎圩（今梧州市龙圩镇）成为广西圩镇之首，俗称"小佛山"。在戎圩粤东会馆中，一块嘉庆四年（1799）捐资重修粤东会馆的碑刻题名出现了不少"××筏"的名称，应为西江水上航运从业人员的行业组织。这说明最晚在清中期，西江上已形成了较为庞大的水运群体"船户"与行业组织。

由于清中期西江水面上的人员流动性远较陆地大，两广官府也屡次告诫船户不得窝藏匪徒、留宿来路不明之人，在涉及两广交界的水面管理上，除了查明船户成分外，还包括稽查有无违禁货物过境。塘汛是清代最基层的水上治安管理机构，两广的河巡官兵各有其负责的河段。同治十三年（1874）《苍梧县志》载广西河段从梧州府城东到系龙洲汛等。从道光二十六年（1846）成书的《粤东省例新纂》可知，广东方面将封川县（今封开县）江口西南到界首水面设为巡视河段，配备巡视船只与人员。广东的省例中明确记载了西江南北两岸的德庆州（今德庆县）与罗定州（今罗定市）水面管辖权，而关于两广交界水面的巡缉则未有定例明载。两广官员各自负责省内河面的司法及行政等事务，布政使原本兼管本省驿传事务，乾隆四十三年（1778）、四十四年（1779），乾隆皇帝命按察使管理本省驿传事务。从碑文看，水面勒索案件不仅涉及治安问题，也与民政管辖息息相关。广西按察使和布政使共同行动，一方负责缉案，一方负责逐级下传勒石公示。两广总督是协调两广西江水面争端的总机构。梧州府西江水面出现封船勒道案后，广东商民与船户诉至官府，最终两广总督下发批示，经广西布政使司、按察使司饬令梧州府、苍梧县勒石通告严禁事宜。此外，在广东郁南县发现的乾隆五十九年（1794）《奉宪示禁滥封罗定船碑》中，罗定州的船户也在梧州府苍梧县西江水面遭遇封船勒逼，最终由两广总督下达批示并勒石示禁。由于这些碑刻涉及两广交界水面，最终均以两广总督名义进行协调，并在广东三水县（今佛山市三水区）到苍梧县河段逐一勒石竖碑公告。

如遇官方采买的大宗物资过境，地方官府则制定相应章程进行管理。在嘉庆七年（1802）佚名禁革碑中记载："如遇铜差到境，照依原定章程□□□一当应，不得违误"，《粤东省例新纂》中也有"铜差帮费"的规定，广东省采办滇铜需咨行云南、广西、广东相关官员，途中运送。

综上所述，乾隆至道光年间，两广地方官府虽努力保障西江河道安靖，制定章程与规例，以规范西江水面的跨界运输，但从西江水面管理的角度看，实际效果不甚理想。两广官府多次勒石禁止船行、胥役封船勒索，说明两广西江水面封船勒索之事频发。这些碑刻揭示了清中期西江水面活跃着众多船户群体，以及广西船行、胥役相互勾结，盘剥勒索外省船户等情形，也折射出广东、广西两省的水面管理格局对西江水运的畅通与商品经济的繁荣所产生的影响。

（陈宇思）

## 查氏父子问渠探源流

### ——清乾隆五十六年《湘漓分派》

湘漓分派

大清乾隆辛亥仲秋日

知桂林府事宛平查淳书

这一碑刻高270厘米，宽124厘米，厚27厘米，“湘漓分派”四字字径45厘米，裂为3块，现已修复。此碑原立于桂林市兴安县灵渠铧嘴的碑亭内，二十世纪八十年代碑身因人为原因而遭到破坏，后移至今灵渠四贤祠内。

碑刻由乾隆五十六年（1791）时任桂林知府查淳所书。查淳，原籍顺天府宛平县人，其祖父为长芦商人查日乾，起初家贫，后以行商致富；父亲查礼，乾隆十五年（1750）夏始任广西庆远府理苗同知，未抵任，后改为平乐府代理知府；乾隆十九年（1754）九月奉令勘察灵渠工程，并参与修浚灵渠之事，并于乾隆二十年（1755）竣工后在飞来石刻下“灵渠”摩崖二字。查淳，先后担任四川南江、南部、宜宾等知县及广西平乐府知府，乾隆五十三年

● 湘漓分派

（1788）任桂林府知府。

在桂林知府任上，查淳多次来到兴安县勘察灵渠，他在乾隆五十五年（1790）正月勘察灵渠时写下一首诗曰：

楚粤分疆水不通，秦劳郡监利无穷；当年只为军粮计，商贾千秋感泽同。

查淳指出灵渠最早是秦始皇为统一岭南保障军需供应而建，当初“只为军粮计”；如今灵渠是中国古代边疆水利的代表性工程，也是目前世界上现存最古老的人工运河之一，被誉为“世界古代水利建筑明珠”。

查淳于乾隆五十六年（1791）刻“湘漓分派”碑于铧嘴上，为什么他会刻这一通石刻？是为了却父亲的遗愿，这需要从其父亲查礼说起。

大约清雍正九、十年间（1731—1732），长芦商人查日乾带上十六七岁的儿子查礼拜见了乞休致仕的陈元龙。陈元龙，字广陵、清辅，号乾斋，浙江海宁人，曾于康熙末年担任广西巡抚，他不仅重建了灵渠石堤、陡门，还疏浚了灵渠河道、凿石开滩，后官至礼部尚书。在此次会面中，陈元龙谈及广西特有的风土人情与为政广西的一些政绩，“教养蛮氓、保障疆圉，设讲读之堂，立茕孤之院，及经营灵渠之事”。查日乾语重心长地教诲查礼道：“儿谨听之，夫士君子出膺民社，政绩得彰彰如是，庶称不愧。异日汝或治其地，当效则前人，以继其业、崇其功也”，勉励查礼他日若为官，要以民生为重，效仿前人，继承志业，做出一番大事业。

冥冥之中，二十年后，查礼果真来到广西任官，他以庆远府同知负责查勘、督修灵渠之事，“果官于粤，且身遇灵渠复修之时”；有趣的是，陈元龙修筑灵渠事在康熙五十四年（1715），查礼恰好生于康熙五十四年（1715），“何礼甫生之岁，即定再修之人耶?”是年陈元龙称赞道:“夫陡河虽小，实三楚、两广之咽喉。行师馈粮，以及商贾百货之流通，唯此一水是赖”。灵渠飞来石上有一则摩崖，记载明洪武二十九年（1396）御史严震直奉敕来兴安修筑灵渠，协办之官是庆远府同知皮南玉，查礼感慨道:“异哉！何此渠之功，必此郡之丞来修之耶?其数也耶！”一切都是那么巧合，抑或为“数”也哉?

查礼果然不负众望，乾隆十九年九月至二十年四月间（1754—1755），他查勘、督修灵渠工作勤勤恳恳，恪尽职守，其间围绕着湘、漓二水源头曾发生了一番争论。东汉班固《汉书·地理志》最早记载了零陵县境内的湘、漓二水，北魏郦道元《水经注》一书最早称湘、漓二水同源，在海阳山（史料称阳朔山）下，今属桂林灵川县东南海洋乡内。海阳山是古代官民祭祀湘漓二水水源神的重要场所，唐代已开始在山下建阳海祠，南宋乾道间桂州安抚经略使、静江知府范成大奏请敕封灵川侯，赐庙额。

然而，清乾隆五年（1740）兴安知县黄海在新修成的《兴安县志》中，首次提出“湘漓异源”的说法，认为湘、漓二水各有源头，漓江之源在县南之双女井溪，“漓江在县南半里，发源于双女井，两井上下涌出清泉，北流至县城东门外，横出灵渠西岸，与湘水合”。黄海这一新观点得到当时不少官员、文人们的支持，同样也遭到一些人的强烈反对。

查礼就是强烈反对这一新说的代表。他于乾隆十九年（1754）九月来到兴安勘察灵渠工程，九月十四日与兴安知县梁奇通一道赴海阳山探寻湘漓水源，具体情形见于其《海阳山湘漓水源记》一文。查礼还专门写了一篇文章《漓水异源辩》，质疑黄海提出的新观点，他亲历兴安各地查勘，“察其水之去来，审其源之大小”，依然坚持《水经注》“湘漓同源”的说法。因为迄今二千余年来，“向未闻有湘漓异源之说”；从漓水命名缘由看，自秦史禄开凿灵渠，分引湘江而南流入大溶江，才有“漓水”之名；而秦朝以前，既无灵渠，亦无漓水：“溯秦以上，无所为灵渠，即无所谓漓水，又安得双女井为之源哉？”查礼认为黄海既没有读懂《水经》等书，也不明晰他所考察之地方，却欲改变千百年之旧说，诚为“诐词莠说”。

此后乾隆年间桂林府文人也有一些争论，全州人唐一飞《漓水源流考》一文批评查礼泥于“湘漓同源”古说，也否定了黄海的新观点，首次提出漓江发源于猫儿山的正确见解。乾隆五十六年（1791），查淳题写的“湘漓分派”，无疑是为其父查礼坚持湘漓二水同源的观点辩护。直至清末，“湘漓同源”这一古说依然没有被撼动。

（江田祥）

## 舟楫畅通促农商

### ——清光绪三十三年《修荔航运碑》

碑位于桂林荔浦市修仁镇荔浦河岸边的东门河码头台阶上，刻于光绪三十三年（1907）。石碑为方柱形，上覆方帽形顶，方柱长1.24米，边长0.32米，帽顶高0.32米，边长0.46米。该碑记载了光绪年间平乐府修仁、荔浦两县知县为解决两县航道纠纷共同订立有关航运章程的故事。

荔浦河是连接荔浦、修仁二县汇入桂江的重要水路，但由于荔浦河上游即修仁一带河流流域面积较小，滩多水急，不利航运，故修仁河运需以堰塞疏航。春夏水盈，河运尚可畅通，秋冬水涸，塞堰提水，河运勉力维持。早在乾隆年间，修仁至荔浦一带河段就已形成金垒坝（金雷坝）、榕木坝、蚂蝗坝、堰官坝等堰坝，附近乡民得其灌溉和航运之利，订立筑坝条款，共同出资出力进行修建和维护，在新修《荔浦县志》中收录了一方乾隆四十年（1775）的《筑坝议约碑》，记载了乡民在荔浦河上分工修筑金雷堰及其日常管理情况，该碑文记载“众议所有来往木筏、竹筏，若遇天旱水紧之时，毋得任意私开”，否则要罚钱三千六百文，

修荔航运碑

还视船只多少议定罚金，反映了当地农业与商业航运之间必然存在一定矛盾。

晚清时期，广西官府重视商业发展，也注意到各地堰坝有碍水上商业交通的情况，尤其是一些河流牵涉多个州县时，须召集起来共同商讨。正如碑文所言，荔水经修仁、过荔浦汇入桂江，连接着修仁县城与荔浦县城之间的商贸运输，而金雷堰逐渐成为荔浦河水上商业交通的重要障碍，“金垒坝最为窒碍”，更是造成修仁县荔浦河水上交通不畅、商业发展遇到重要瓶颈，导致修仁县“舟楫不通，商务冷淡”，“因沿河堤坝为农田水利所关，乡民旧多阻遏”，修仁船户与荔浦乡民之间当曾发生过多次摩擦。在广西巡抚张鸣岐电文督促下，修仁、荔浦二县知县召集绅商、船户共同商讨金垒坝开坝方案，规定“天旱水涸及需水之时，永远不准决口。至秋收后，大堤始准开口，任凭行船”，此次修理金垒坝等河堤工费，由修仁县出资、船户帮工，此后统归金垒村人修理；货船过坝，每只船取钱一百文，以作修坝之费，空船则不准收取。通过最终订立合同制定章程，既保障了荔浦河航运的畅通，又确保了灌溉的无碍，此举获得了广大绅商士民的支持，最终得以勒石纪念。

在清平乐府荔浦、修仁县，地方官府大都秉持“农商并重，不容偏袒”的立场，修仁、荔浦二县绅商订立合同章程，则“修河之航路可通，于荔邑之农业无碍”，目的也是期望“农商两益”。

今修仁镇位于荔浦市西南部，处于荔浦与蒙山、金秀、鹿寨三县交界地带，是荔浦市的三大重镇之一，历史悠久，为古修仁

欽加同知銜署修仁縣事准補武宣縣正堂加五級紀錄五次劉
欽加同知銜署荔浦縣事補用縣正堂加五級紀錄五次廖
光緒三十三年七月二十日
告示
曉諭

修荔航运碑（拓片）

县县城所在地。三国吴甘露元年（265）孙皓称帝时就设置了建陵县，到唐长庆三年（823）更名为修仁县，宋神宗熙宁四年（1071）修仁县并入荔浦县，元丰元年（1078）又复置修仁县，修仁县之名一直沿用，至1951年撤县划入荔浦县，迄今已有1700多年历史。2023年在“广西地名文化遗产千年古县、千年古镇、千年古村落”评选中，修仁镇被认定为“千年古镇”。修仁镇历来是桂西南重要的商贸集散中心之一，所产粮食、蔬菜、柑橘、马蹄（荸荠）远近闻名，素有“马蹄之乡”“蔬菜之乡”“柑橘之乡”和“荔浦工业强镇”的美誉。

修仁县码头始建年代无考，现存码头为清代所建，沿用至今。码头原有三个，即东门河码头、小码头、临江码头。东门河码头又称东门水码头，小码头又名阿弥陀佛码头、观音潭码头，东门河码头、小码头保存尚好，临江码头现已被混凝土覆盖铺成道路。东门河码头长约20米，现存37级台阶，台阶宽1.7~4米，整体呈弧形，中间设有一平台，以大青条石铺就；小码头残存约20米，现存28级台阶，台阶宽2~9.2米，中间亦有一平台，为砾石与青石板铺就。两个码头相距200多米，其中东门河码头为客运码头，小码头为货运码头。

晚清至民国时期，修仁县不仅商业发达，戏剧繁荣，其手工业更是兴旺发达，铁匠、木匠、泥水匠、竹木工艺、印染纺织各行各业种类繁多，尤以风炉、纸扎、薯莨漆三项工艺最有特色，被称为修仁“工艺三绝”。此外，在修仁老街上有粤东、江西和湖南三大会馆，还有文庙、武庙、城隍庙、回龙庙、梓潼观和紫阳观等庙宇，现在这些建筑均已难觅踪迹，仅存半个粤东会馆。据史料记载，修仁粤东会馆建于清光绪八年（1882），是当时修仁最为宏伟的建筑，墙砖全是用人工磨制过的青砖，大小整齐划一，表面光滑平整，建筑工艺采用清水勾缝构砌。会馆所有柱子均采用青石方柱，下垫柱墩，雕梁画栋，飞檐翘角，屋脊上塑双龙护珠，大门两旁立有石狮一对，进了会馆大门，便是高大的戏台，穿过戏台是一个大天井，可容下数百人看戏，天井两旁是看戏的厢楼，也可容下百余人，当属当时修仁县城最繁华的场所。

在民国二十三年（1934）以前，修仁县还没有公路，仅有一条官道，宽约一丈，颠簸不平，主要交通方式为人挑肩扛轿抬，小木轮车推拉，大宗货物运输主要靠河流运输。由于荔浦、平乐、梧州等地的货物经修仁河运达修仁，再加上修仁本地物产丰富，手工艺品制作精良，附近的金秀、蒙山等地的人都来修仁赶集，这里便成了商贸往来的中心。在桂林经荔浦、修仁到柳州的公路修通后，修仁的陆路交通有了长足发展；而荔浦河修仁段的航运功能逐渐消失，如今的主要功能则是灌溉农田和为荔江国家湿地公园涵养水源。

（刘方进、江田祥）

## 桂江水上人群的诉求

### ——民国元年《革除船行积弊碑记》

此碑刻于民国元年（1912），现存桂林市恭城瑶族自治县龙虎乡龙虎街武庙门前。碑文主要讲述了民国元年（1912）平乐府出具告示革除船行积弊（即严禁船行浮收苛取船费）一事。清末民初，广西类似行业协会的船行对船户仍按惯例收取费用，恭城船团代表黄定元等4人联合船户上控新成立的广西军政府，要求革除这一弊病。经广西军政府批示，广西财政司转办，平乐府查核，报称所有船户帮差费已一律豁免，因此船行收费一项理应革除。这一政策的执行保障了船户的利益，船户遂将此事经过勒石为碑，立于龙虎乡关武庙前，以为永久凭据。

龙虎关，地处五岭之一的都庞岭南端余脉，位于湘桂边界，是五岭山脉中的一处隘口。龙虎关历史悠久，宋时称荆峡镇，明朝时称镇峡关，明洪武二十六年（1393）设镇峡寨巡检司戍守，崇祯末年改名龙虎关。龙虎关关南是广西恭城瑶族自治县龙虎乡龙头岭，关北是湖南江永县粗石江乡虎头岭，龙虎二岭南北对峙，形同龙争虎斗，山势雄伟。一道垭口分开湘桂边界，两边是一大

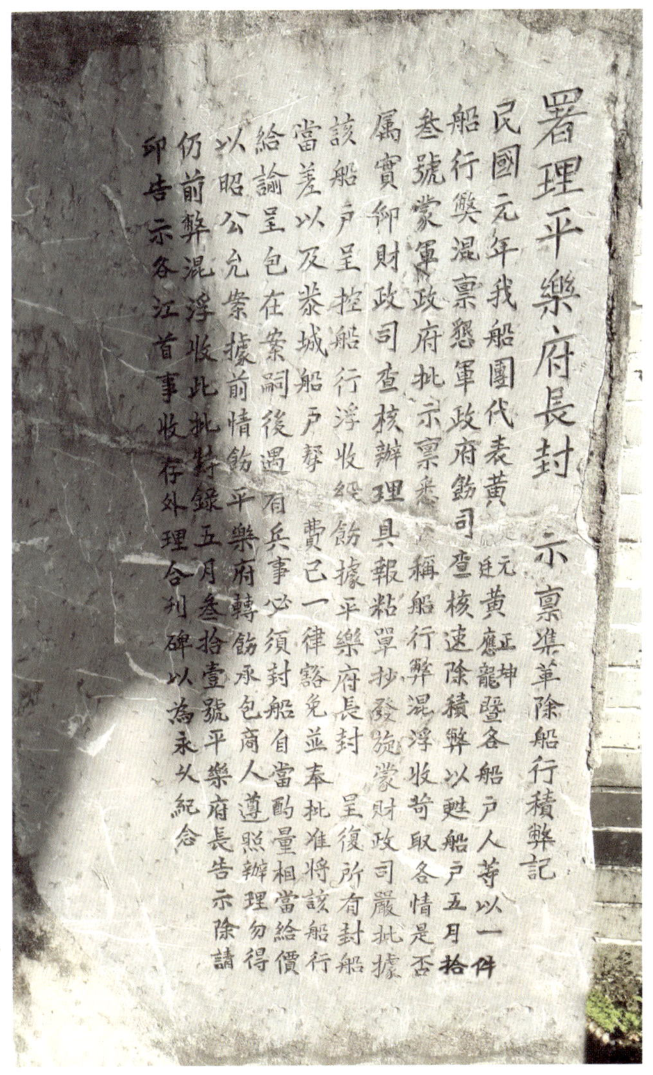
署理平樂府長封 示
稟准革除船行積弊記
民國元年我船團代表黃元廷黃正坤黃應龍暨各船戶人等以一件
船行弊混稟懇軍政府飭司查核速除積弊以甦船戶五月拾
叁號蒙軍政府批示稟悉稱船行弊混浮收苛取各情是否
屬實仰財政司查核辦理具報粘單抄發旋蒙財政司嚴批據
該船戶呈控船行浮收經飭據平樂府長封呈復所有封船
當差以及恭城船戶幫費已一律豁免並奉批准將該船行
給諭呈包在案嗣後遇有兵事必須封船自當酌量相當給價
以昭公允案據前情飭平樂府轉飭承包商人遵照辦理勿得
仍前弊混浮收此批特錄五月叁拾壹號平樂府長告示除請
印告示各江首事收存外理合刊碑以為永久紀念

革除船行积弊碑记

片平坦的开阔地，便于行兵布阵，因此，龙虎关自古以来就是兵家控扼岭南的必争地之一。

发源于江永县境内的桃江河，在桃川镇与源口河汇合成龙虎河后，穿龙虎关西南流，曲折回环，再与栗木河汇合成为恭城河（又名茶江），接着再往南流经平乐县城与漓江汇合为桂江，一路向南与浔江汇合成西江，最后泻入珠江。流经龙虎关的河道有2000多米，水流湍急，礁石嶙峋，漩涡密布，加之两岸石峰突兀，具有“一夫当关，万夫莫开”之势。在陆路交通较为落后的时代，这些水域河面及水上运输，成为该流域内不少乡民重要的经济收入来源。据民国《恭城县志》记载，恭城县水产资源丰富，在恭城河、西岭河、势江及其支流等，历史上曾有专业渔民进行捕捞，民国二十五年（1936），有渔民100余户600余人，年捕鱼50吨，这些渔民大部分都是“船上人”。直到现在，茶江仍有部分水上人群以捕鱼为业，桂江流域水上人群姓氏众多，其中黄氏是桂江流域最大的渔户宗族。

龙虎关一带是控扼湖南船户和商户进入广西的重要交通节点。一九四九年前，曾有大量木帆船沿河道经恭城县城、嘉会、龙虎上至湖南江永，下顺恭城河经龙虎乡、恭城县城、平乐沙子至平乐城汇入漓江，到达桂林，或沿桂江下通梧州，运出的主要为农副产品，运进的主要为工业产品。据民国《恭城县志》记载，恭城船户的商船还曾参与邮件运输，清宣统二年（1910），恭城邮件主要靠邮差挑运或委托商船经恭城河水运。除了运输梧州、平乐的食盐以及砖、石灰、木炭，还运输湖南大米、油类、山货，恭城黄糖、红瓜子、黄豆、沙田柚等。据1934年广西统计局的资料换算，当年经恭城河运出的农副产品515吨，运进布匹、煤油、火柴、食盐等工业品448吨，年吞吐量共963吨。1944年以前，龙虎圩每天有四五十艘木帆船停泊和过往。大量的物资流动带动了商业和水上运输业发展，嘉会、六岭、龙虎关等地成为了商品集散地，为维持水上运输秩序，大部分船户抱团发展，建立起船帮组织，由此推动了区域社会商业的持续发展。

（刘方进）

# 桥梁凉亭

## 徽名寓志的桂林桥梁

### ——明嘉靖二十年《重建济湘桥记》

临桂《重建济湘桥记》刻于明嘉靖二十年（1541），高170厘米，宽78厘米，碑文正书，字径2.5厘米，额篆书，字径4厘米。《中国西南地区历代石刻汇编》第十一册《广西桂林卷》著录拓片，《桂林交通文物图志》《临桂文化大典》《广西商业会馆系统碑刻资料集》等书著录碑文。

济湘桥位于临桂区六塘镇道莲村委周公山村北周公山与船山之间的灌山河上。该桥为四孔三墩平面石梁桥，通长18.7米，宽1.6米，高2米，四孔孔距分别为2.4米、3.23米、4.2米、2.55米。桥面由六块厚0.4米巨型青石板分两排铺成，石板间用榫卯连接。桥墩由厚料石砌成，迎水面的桥墩一头设分水尖，长2.35米，宽0.95米，以减轻山洪对桥身的冲击。济湘桥整体造型古朴，石梁庞大，建造科学，比例协调，与周边环境相映成趣，富有特色，是桂林一带少见的梁式桥。1986年8月，济湘桥被列为临桂县级文物保护单位。

《重建济湘桥记》刻在济湘桥附近的船山崖壁上，残缺的碑文记录了济湘桥的地理位置、历史沿革、重修缘起及重建过程。倡建者为桂林人蒋宗贵，字世荣，别号湘桥，他以贤能被官府委任为“署印省祭官”，因见桥圮，遂在公暇时与属吏许沔商议曰：“修桥道路，吾辈职也，况灌、湘山之要路，人之所必由者，汝盖谋诸众，以复斯桥，以便人行，不亦可乎?”许沔乃全湘（今全州）义士，听闻上司有此义举，遂推荐乡耆刘文胜主事，乡人李智旺、刘凤朝、刘钰海等响应号召，踊跃捐资，鸠工庀材，嘉靖十九年（1540）季冬月动工，落成于嘉靖二十年（1541）三月，并更名为“济湘桥”。

济湘桥建成后，同年季春五月，蒋宗贵还在《重建济湘桥记》东边题刻了一首诗，摩崖长40厘米，宽60厘米，楷书阴刻，字径2.5厘米，字迹粗糙，诗云：

觅得南源结一桥，愿祈永远济农樵。四方宽大藏风月，八面高低显固牢。

排闼好山重叠翠，绕溪秀水远拖潮。更名复立桥相渡，千载名传不动摇。

碑文记载的“临桂湘山巡司”，即临桂县湘山渡巡检司，灌桥就在巡检司衙署前。明代巡检司多置于关隘冲要之处，“专一盘诘往来奸细及贩卖私盐、犯人、逃军、逃囚、无引、面生可疑之人”。湘山渡巡检司，明洪武十四年（1381）已设置，巡检司临河而建，当在船山西边山脚下，据调研，衙署古遗址虽已变成农田，但仍可见一些残存的地基。湘山渡巡检司置于周公山与船

重建济湘桥记 题诗

山之间、灌山河边，实为冲要之地，起初官民必须过渡往来，直至成化五年（1469）冬鼎建灌桥。这里是古代官民出桂林城南行进入阳朔县境的必经之地，明景泰《桂林郡志》记载桂林府临桂县南设置了赤土、茶店、白竹、凉风铺等，往南进入阳朔县；清雍正《广西通志》卷二十记载桂林城南去大路，“由省城十里至赤土铺，十五里至茶店铺，十五里至白竹铺，十五里至陡门铺，十五里至丰林铺，十里至羊角堡，与阳朔交界，又六十里至阳朔县”，羊角堡即在济湘桥东0.5千米左右。在明初，广西将桂林府城经阳朔、荔浦、修仁县至柳州府象州新辟为官道，洪武二年（1369）沿线新增了阳朔县葡萄驿、荔浦山月驿、修仁县在城驿3

重建济湘桥记

处陆路驿站，正统元年（1436）十一月，随着朝廷经略交趾政策的变化及桂林西部不稳定因素的增加，广西及时裁革、调整水陆驿路路线，又裁革了这3处陆路驿站。虽然这条路线不复为驿道，但依然是重要的交通路线，湘山渡巡检司是桂林临桂县南入阳朔县的重要关口。

“灌桥”为何更名为“济湘桥”，不仅因为此处设有湘山渡巡检司，也与倡议修桥的桂林人蒋湘桥有关，碑文记载蒋宗贵称“更名曰济湘桥，徽予以志之”，以其别号“湘桥”来命名。有研究推测“署印省祭官”蒋宗贵、义士许沔二人皆在湘山渡巡检司任事，说明巡检司的职能不仅控扼冲要、稽查人员往来，还包括修理地方桥梁道路。碑文中提到的乡耆刘文胜（1489—1554），经调研，在六塘圩西北坡地上（地名峻岗头）发现了刻于嘉靖三十三年（1554）的墓碑，碑文记载刘文胜其在世为人具备三才大德，八桂传名，田园广置，屋宇仓库重架重修，积谷聚财，接济乡坊，桥路重圈重砌等，说明他不仅富甲一方，还好善乐施，自然应包括负责重建济湘桥之事。《重建济湘桥记》西边还有一块摩崖，长30厘米，高40厘米，字径3厘米，楷书阴刻，字迹模糊，“嘉靖辛丑季春立。诗曰：□……愿求贵子接□□，清玄宫刘钰海”，“刘钰海”当为《重建济湘桥记》所记“乡人”之一，摩崖时间与蒋宗桂题诗同时，皆在嘉靖二十年（1541）季春五月。

济湘桥，原为灌桥，在湘山巡检司衙署前面灌山河上，是明清时期临桂县南部与阳朔县道路上的重要桥梁，不仅在历史上发挥了重要的交通作用，而且至今屹立不倒，仍可供路人过往。《重建济湘桥记》等石刻不仅为世人研究济湘桥提供了直接史料，还体现了明代地方官民积极参与地方公共事务、兴建公共工程的热情。

（江田祥、刘方进）

# 南方石券廊桥的典范

## ——明崇祯十四年《重建回澜石桥碑记》

碑在贺州市富川瑶族自治县朝东镇油草村附近的回澜风雨桥内，刻于崇祯十四年（1641）。碑文由四方碑石组成，每方碑石碑额四字，分别为“金石壮志”“胜跨连虹”“乐捨芳题”“山川一握”，第一方碑石主要为序文，后三方碑石为捐资题名。序文引用了大量名言和典故，采用优美的辞藻语句，论证和强调了重修回澜桥的重要性和必要性，并发出呼吁号召本地乡民士绅积极参与捐资。在众人齐心协力下，回澜桥最终得以建成，并刻碑记铭于石，以表彰捐资人的功德。总计有670余人参与捐资，其中既有富川县的官吏，也有附近的卫所军官，更多的则是周围各乡的士绅和民众。

碑文由当时著名的乡绅何廷枢撰写。何廷枢（1591—1640），字运之，号环应，朝东镇豪山村人，万历丙辰科（1616）进士。其父人称“何员外”，乐善好施，名望很高；其兄何廷相为万历丁未科（1607）进士，因此有“兄弟进士”的科举佳话。何廷枢自幼聪明机敏、勤奋好学，每月课考均有佳文妙章，初任职于

重建回澜石桥碑记

直隶真定府临城县，后又改任柏乡知县，历官忠宪大夫、南京御史等职。因政绩突出，于崇祯元年（1628）擢任陕西道监察御史，为官廉洁爱民，颇受朝廷器重，被授予“八省巡按”之职，考核吏治，兴农兴商，减轻民赋，曾赴山东、福建、浙江等沿海一带抗击倭寇，有惠策佳绩，获御题“精忠正大”之匾。晚年致仕回居豪山，俗称“何三爷”，好行善事，带头捐建青龙寺、倡修回澜桥，并亲自撰写碑文。

回澜风雨桥始建于明万历年间，崇祯年间重修，为半圆形三孔石桥，全桥长37.5米，宽4.6米，高4米，占地面积270平方米，建筑面积187平方米。桥廊、桥亭为木构建筑，面阔11间，桥头一端为马头山墙，通高6.3米；桥廊中间设单檐歇山顶桥亭，跨度三开间，通高7.3米，均采用悬山加披檐榫卯相连的构造方式。桥头阁楼为高二层的砖木结构，重檐歇山顶，通高10米，有三门和桥相通，砖墙上绘有人物花鸟画多幅，四面八角飞檐高翘，屋脊饰泥塑葫芦形图案。该桥集廊、屋、亭、阁于一体，设计独具地域特色，适应了当地多雨的气候条件，与周围山川树木相得益彰。

风雨桥又称廊桥，是集桥、亭、廊三位一体的特殊桥梁，其种类繁多、风格各异，按结构可划分木梁、木拱、石梁、石拱类型。现存大多是石墩柱、石券孔、石桥座型桥梁，石桥上用砖木构建亭阁桥廊，顶盖青瓦，马头骑墙，桥、亭、阁、廊浑然天成，风格典雅别致，为中华古建筑史上的一大奇观。富川被誉为中国瑶族风雨桥之乡，1950年代仍保存有108座风雨桥，至今仍遗存有至少27座较为完整的风雨桥，其中最多的是朝东镇，仅黄沙河上就有回澜、青龙、锦桥、社尾岗、钟灵、毓秀、集贤、环涧8座风雨桥，名扬遐迩的当数回澜、青龙两座风雨桥。富川瑶族风雨桥群于2013年被列为第七批全国重点文物保护单位。

青龙桥与回澜桥相距500多米，两座桥在当地又称“姐妹桥”，在民间流传着一个美丽的传说，与上述豪山才子何廷枢有关。相传何廷枢博学多才，文武双全，与隔河相望的双园栎村瑶族姑娘盘兰芝真情相爱。盘兰芝美丽聪慧，温柔善良，是千里挑一的好女子。正当两人准备拜堂成亲之时，盘兰芝却被朝廷派到江南选美的钦差大臣选中，被送进皇宫当了皇妃。为了能与心上人团聚，何廷枢赴京赶考得中进士，被皇帝御封为八省巡按，除奸抗倭，勤政为民，功勋卓著。而盘兰芝入宫后因正直贤惠，遭到后宫妃嫔的妒恨和迫害，被遣出宫回到了家乡。此时人们讹传何廷枢捐躯于抗倭前线，盘兰芝闻此噩耗悲恸欲绝，便在黄沙河上修建了青龙风雨桥以示纪念，并在桥建成当天以死殉情。后来何廷枢回乡省亲，听说了盘兰芝为他建桥殉情的事十分感动，便在黄沙河的上游倡修了回澜风雨桥。“回澜”即“会兰”，“青龙”即“情浓”之意，两桥遥相守望，寓含着两人忠贞不贰的爱情，此佳话世代流传，至今令后人敬佩和赞颂。

（刘方进）

# 桥梁上的石刻艺术
## ——宾阳南街的南桥

提起宾阳，很多人会想到宾阳的炮龙，而说起宾阳炮龙，又有不少人会联想到宾州的南街。南街位于宾阳县城以北，是一条狭长的老街道。这里青砖灰瓦的古建筑鳞次栉比，连片成林，宝水江蜿蜒绕着街北而过，将南街与宾州旧城分隔开来，仅依靠着一座三孔石桥连通南北。这座石桥便是南桥。南桥因位于古宾州城（大致位置在宾州镇三联街一带）南门外而得名，又因古宾州南门名为太平门，也有人称此桥为“太平桥”。南桥可以说是见证了南街的兴衰变迁，有着重要的历史和文化价值，早在1988年就已经被公布为宾阳县级文物保护单位，2009年又被公布为广西壮族自治区重点文物保护单位。

今天，很多人喜欢到南街游玩戏耍，在长街鳞次栉比的民居、骑楼下拍照打卡，但很多人却不知道，他们从新宾进入南街北端入口时，所跨过的那座似乎并不起眼的小桥，就是宾阳现存历史最古老的石桥之一的南桥。南桥，就位于南街北端与宾州三联街交会处，横跨宝水江上，是一座三孔石桥，全长24.5米，宽

5.2米，高6米，全部采用料石砌成，缝隙间不用砂浆勾连。桥开三孔，孔呈半圆形，每孔间跨度约6米，孔间的桥墩侧看几呈斧状。桥面以长条形青石板铺垫而成，平整光洁。桥两边有石构护栏，由13根高0.8米的方石柱子和14块高0.6米的长方形青石板以榫卯结构间隔套合组成。石柱分上下两部分，下半部分为长方形柱体，高约60厘米，两侧开卯眼，用于套合石板，上半部分则是装饰的柱头，每个柱头形状不一，有莲花状、葫芦状等多种造型。两个石柱间以长方形石板连接，其做法是在石板两端凿出榫头，再插入石柱两侧的卯眼中。石板朝外一面素面无纹，面向桥内一面则各雕刻有一幅精致的浮雕开窗图案，每块石板所刻图案均各不同，总计有28幅浮雕图案，内容多为吉祥纹样，有双龙戏珠、双凤朝阳、鸳鸯戏莲、麒麟献瑞、鲤鱼跃龙门、猴子摘桃、暗八仙等，刻画精细，形态逼真，栩栩如生。最特别的是，在桥中间两个桥墩上，还嵌有一对石雕雌雄穿桥螭兽，兽首昂首向西，螭尾正朝向东，分别嵌在桥墩两侧，仿佛穿桥而过，又似兽身已然融入桥体，寄托着人们希望这座石拱桥能够得到了御水螭龙的护佑，足可抵御洪水，坚如磐石。这种成对的螭兽装饰构件出现在古桥上，是非常罕见的。

南桥的历史非常悠久。根据历史记载，南桥始建于明洪武六年（1373），由当时的宾州知州周乐筹建，距今已经有600多年历史。南桥建成后，曾经经过两次重建，一次发生在明崇祯年间，一次则是在清雍正时期。据万历《宾州志》所录梁运规《重建太平桥记》载，太平桥在建成60余年后的正统年间就已坍塌，至正

双龙戏珠

暗八仙纹

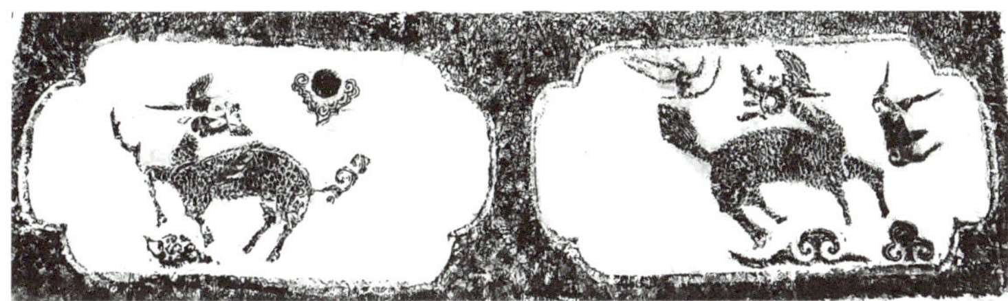

麒麟献瑞

鱼跃龙门

鸳鸯戏莲

蜂猴图

凤凰展翅

鹤鹿同春

统年间，当时的宾州知州钱积中重建了南桥，重修工程始于正统乙丑年（1445）十一月，次年二月即告成。此后到了清雍正十二年（1734）五月，南桥又再次坍塌，当时的宾州知州马朴也将自己的俸禄捐献出来，再次筹资重建了南桥。

南桥，位于现县城的北面，横跨于宝水江上，而宝水江则绕宾州旧城之南再折而向东流去，将宾阳县城分隔为南北两部分，北为宾州旧城（新宾），南则是现在宾阳县城的治地——芦圩。芦圩成圩于明朝万历十三年（1585年）前后，是当时由广东廉江、广西玉林、贵县（今贵港）与来宾、迁江、古辣等地通往南宁的古道必经之处，由于交易日趋繁盛，店铺陆续建起，才逐渐发展成为圩场的。民国十六年（1927年）南宁至柳州公路建成通车，芦圩一跃成为当时宾阳县城最重要的一处交通要地，商贸发展更加迅速。1950年，宾阳县人民政府也迁往芦圩，芦圩正式成为宾阳县城的政治和经济中心。南桥南接南街，再南而通芦圩，北则连通宾州旧城，曾一度是芦圩往来宾州旧城的重要道路，每日间往来宾州旧城和南街、芦圩的商旅士民络绎不绝，为当地的商贸发展起到了重要作用。当然，宾阳古为宾州，地处邕州（南宁）和柳州之间，也是桂柳往来南宁的重要通道，著名的邕北险关——昆仑关就在县城西南方向十余公里处，扼守着桂柳入邕的古道。南桥位于宾州城南，连接宾州和芦圩两处重要的圩场，自然也曾在邕柳间古代道路交通方面起了一些重要作用。

明清时期，南桥还曾是往来商旅、行人驻足观赏宝水江两岸景色的一个绝佳之处。据史载，“城南宝水江环绕如带，每当春光水涨，浪泛桃花，两岸垂杨掩映成趣”，文人墨客争相赏游，此即古宾州八景之首的“宝水春涛”。明代宾州知州梁鱼曾有诗赞宝水春涛之景谓：“宝水环流几千丈，一渡春来一清漾。鸥依渔父睡晴沙，鱼嚼落花吹细浪。白翻冻雪春水奔，绿浸垂杨夜添涨。何当借我洗干戈，黎庶都归衽席上。”写尽了宝水江畔春日秀景。清人陆生兰也曾咏过“柳线风牵沿岸绿，桃花浪起满江红”句，也是时人漫步宝水江畔所见春色的真实写照。时当春日，人们穿过太平门，来到宝水江畔，驻足在南桥上，远望可见江来水往，回环曲折，两岸桃红柳绿，青砖灰瓦的民居屋舍、城墙相接、城楼高耸的宾州古城掩映其间，近看则是落花缤纷，流水潺潺，一江春水带着片片花瓣漂流荡漾，动静相宜，春意盎然，俨然便是一副怡人胜景。虽然随着时代变迁，今天的宝水江畔桃柳不复，胜景不再，但行走在南桥上，前面是熙攘市井的南街，两旁有宝水江蜿蜒回转、碧水潺潺，也别有一番风味。

时至今日，居住在南街周边的人们，依旧习惯于每日穿行于南桥之上，往来于南街和三联街。南桥虽历经数百年风雨，却依然是当地民众日常生活中仍所依赖的重要交通津桥，在便民交通中发挥着重要作用。

（黎文宗）

## 藏在秀水中的卧桥

### ——清道光十六年《建复登瀛桥记》

碑在贺州市富川瑶族自治县朝东镇秀水村毛氏宗祠大门左侧墙壁上，刻于道光十六年（1836）。登瀛桥位于秀水村西北侧，横跨秀水河上，当地人称“卧桥”。由碑文可知，该桥始建于明洪武年间，万历年间重修，清代初年倾圮，乾隆年间再次重修。道光十四年（1834），由凤仙公、凤山公倡首，召集众人商议，对桥进行修缮并新建了桥亭，成为一座既可通行又可观景的风雨桥。可惜其于1983年春节毁于一场大火，后于2011年重修，由四孔石拱、桥廊、桥亭、阁楼组成，桥廊为硬山顶，桥亭为歇山顶，采用穿斗式木结构，由28根木榫卯连接，桥头阁楼砖木结构，高两层，重檐歇山顶，砖墙上绘有人物花鸟图案，既稳健雄伟，又秀丽玲珑。

秀水村为富川朝东镇下辖的一个村庄。据传唐开元十三年（725），曾任刑部郎官的浙江人毛衷被外放到广西贺州任刺史，在上任途中经过秀水，见此地依山傍水、群峰竞秀，将此地视为风水宝地，卸任后携家来此居住，取村名为“秀峰”，后改为“秀

建复登瀛桥记

水”。子孙繁衍日众，逐渐发展成由八房、安福、水楼、石余四个村子组成的村落，统称为秀水村，是桂东北地区保存最为完好的一个古村落。现存古建筑群占地面积35万平方米，有保存完好的古民居近300座、古门楼8座、古戏台3座、宗祠5座、状元楼1座，村内古树、古桥、古井、牌坊、照壁、石板街、卵石路面等随处可见，2008年被评为第四批中国历史文化名村，2012年被列入第一批中国传统村落名录。

秀水村建在石鼓、鸟源、黄沙三条大河交汇处，秀水河在村内汇聚而成，北经岔山、湖南桃川，往龙虎关至桂林恭城，与富川河背道而驰，形成“一江春水向北流”的独特自然景观，此地自古有“秀峰挹爽，钟灵毓秀”之称，有象鼻山、青龙山、鸡嘴山、独秀峰、仙娘井、青龙湖等景观，素有“小桂林”之美称。秀水也是潇贺古道上的一个重要的交通节点，正如碑文所言，其介楚粤通衢，南来北往的商旅日千百计，秀水村也因此得以接受外来各种先进文化的影响，尤其是楚湘文化、岭南文化在此交汇，形成了多元的“楚风桂俗瑶韵”文化现象，功能各异的文化建筑、独占鳌头的科举人才、丰富多彩的宗族活动遗存，让秀水成为了名副其实的历史文化名村。

秀水村虽偏居一隅，耕织为生，却有书院学堂数家，读书之气蔚然成风。在南宋时期，这个200余人的小村子，几乎家中人人读书，建了江东书院、鳌山石窟寺书院、山上书院、对寨山书院共四个书院，十里八方的年轻人纷纷来此求学，小村的文风之盛，可见一斑。后辈子孙一直秉承“耕读传家”的祖训，崇文重教、读书明理，科举昌盛。据县志中历代科举进士名录记载：全县34名进士中，秀水村毛姓就占了26名，状元毛自知为宋代开禧乙丑科（1205）进士，这在富川科举史上仅此一人，因此秀水村也被称作状元村。

（刘方进）

## “三宁第一”桥

### ——清道光十七年《皇赐桥碑》

在今天南宁市邕宁区新江镇新江街的北端，有一座横跨于新江河之上的壮观石拱桥，它仅有百多年的历史，却享誉整个“三宁”地区（“三宁”是明清时期对灵山县下设的西乡巡检司所辖上宁、中宁和下宁三个都图的统称，大致范围包括了今天邕宁区的那楼、新江、百济三镇），甚至在当地还流传着有关它的诸多传说故事，为其增添了几许神秘色彩——它就是有着“三宁第一”之称的皇赐桥。

皇赐桥，也称新江桥，是一座石构五拱桥，以长条细砂岩石砌筑，全长60.45米，设有四个长方形桥墩总跨五个半圆形桥拱。五拱中，除东面第一石拱略小外，其余各拱形制、大小相近，每孔跨度约10米、高约6米。桥面宽4.74米，原以细砂岩石板平铺，但在1974年时，为保障通车条件，加铺了砂石、水泥，并在两侧也加建了水泥护栏。早在1989年时，皇赐桥就已经被公布为邕宁县重点文物保护单位，2005年邕宁改县为区后，皇赐桥也成为了南宁市文物保护单位。2017年，皇赐桥再次名列广西壮族自治区

恭祝

邑武生例授衛千總勅授武畧騎尉李先生號秀峯碑序銘

市北小江地當孔道上通南寧諸土流下達珠浦諸埒[illegible]肩挑而逐子母背負以角奇贏往來[illegible]水陸

必由勢也顧瀉則龜背凹凸彳亍維艱水則雀舫蹉跎王瑤何以攄成[illegible]若[illegible]涉者六十餘[illegible]矣

武畧騎尉李先生數過此渡見棲棲亂流望洋而嗟噎噎舟哞援踵而嗟恻然久之遂發慈悲不假從題[illegible]力

建造經始於十七年五月歲事[illegible]十八年八月上下兩岸厠工之大費之巨時之久君親力工所寔者

無間籌深矣心盡矣以此細依接龍嬉美琛秀[illegible]共亦[illegible]遂今則橋成工竣天動星回勢亘長虹潔洄氣拍

人超昇提物率履同安此遠[illegible]矣不惇固可以十世可以百世造德萬無邊之福寶子孫無疆之休其樂

善好施之誠濟人利物之德行將載之邑志與桂龍環秀並遺不磨於千古也懸不[illegible]哉爰為之銘曰

惟 君成梁[illegible]如龍弱力能勝任定此百當形[illegible]飛棟勢底康莊重軒豐崖反宇璧璫前賓四[illegible]

五方[illegible][illegible]往往此久天長頃[illegible]載道無績維光錫之以行如陵如岡神哉虹橋永祀無疆式銘諸石[illegible]

穠流芳

郡增生[illegible]明 羅廷[illegible] 邑庠生羅兆彭

宣邑舉人蘇元[illegible]拜書 國學生[illegible]

羅天祥 羅遠之 羅遠[illegible] 羅[illegible] 劉[illegible]國 羅步雲 [illegible]大璨 黃成格 劉[illegible]中 黃[illegible]中

黃日高 孫[illegible] 黃元[illegible] 羅相[illegible] 孫辰秀 黃[illegible]知 楊成美 羅文韜 黃[illegible] [illegible]

羅遠仁 黃天配 [illegible] 黃[illegible]修 滕[illegible] 羅遠匡 黃嘉鑾 劉芳[illegible] [illegible]

梁崇暄 羅遠旋 劉兆雄 梁道[illegible] 黃家[illegible] 楊瑞[illegible] 潘宜雁 周奇勳 [illegible]

黃元曙 劉天[illegible] 黃遠官 黃楨[illegible] 孫紹箕 李尚堆 劉宏瑠 劉憲光 劉[illegible]

道光十八年八月千二穀旦立

恭祝李先生碑序銘

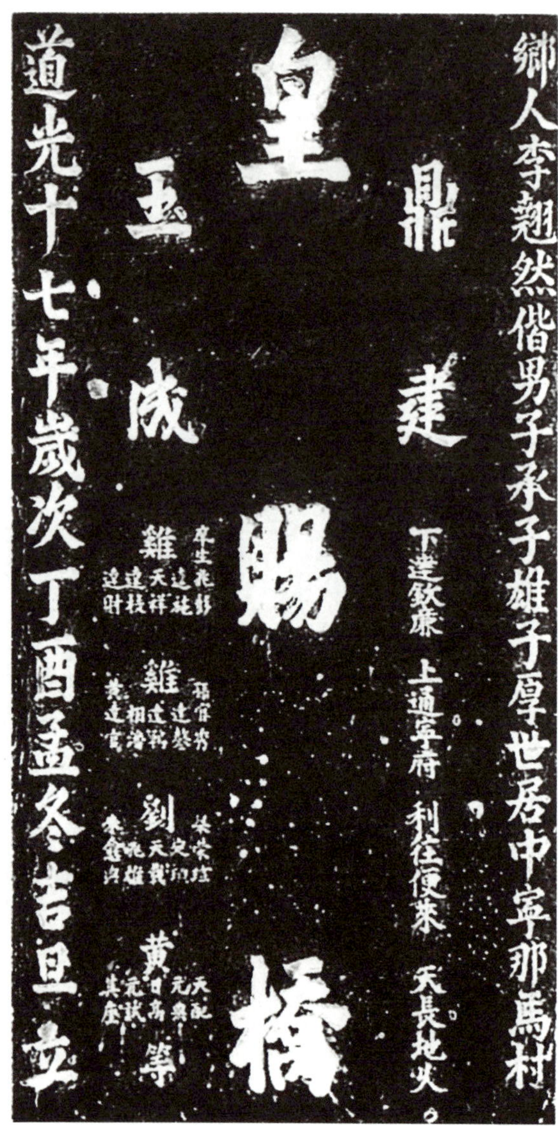
鄉人李翹然偕男子承子雄子厚世居中寧那馬村
鼎建
下達欽廉
上通寧府
利往便來
天長地久
皇賜橋
玉成
道光十七年歲次丁酉孟冬吉旦立

皇赐桥

文物保护单位。

根据历史记载，这座皇赐桥始建于清道光十七年（1837），是由当地士绅李翘然独资兴建的。在现皇赐桥东面、距离桥头不到10米处，有一高起的方形水泥平台，平台东端，立有一面碑墙，嵌有石碑五块，记载了皇赐桥的修建历史。其中有一方镌刻于道光十七年（1837）的“皇赐桥”碑，就明确记载着“乡人李翘然偕男子乘、子雄、子厚世居中宁那马村，鼎建下达钦廉、上通宁府、利往便来、天长地久皇赐桥玉成”。而在另一方道光十八年（1838）的《恭祝李先生碑序铭》碑中，也提及皇赐桥是李翘然“不假签题，独立建造”而成，其中还详细记载了李翘然修建皇赐桥的原因、经过等。碑文写道：

市北小江，地当孔道，上通南宁诸土流，下达珠浦诸场肆。肩挑而逐，子母背负，以角奇赢，往来贸易，水陆必由势也。顾陆则龟背凹凸，彳亍维艰，水则雀视踌躇，玉瑶何以圩成？来苦跋涉者，六十余年矣。武略骑尉李先生，数过此渡，见扰扰乱流，望洋而叹，喧喧舟畔，接踵而嗟，愀然久之，遂发慈悲，不假签题，独立建造。经始于十七年五月，蒇事于十八年八月。上下两年间，工之大、费之巨、时之久，君亲力工所，寒暑无间，筹深矣！心尽矣！以此绍休接龙，媲美环秀，其亦何逊！今则桥成工竣，天动星回，势亘长虹，滦洄气抱，人超升捷，物率履同，宏此远谟，奚不惇？固可以十世，可以百世，造亿万无边之福，实子孙无疆之休，其乐善好施之诚，济人利物之德行，将载之邑志，

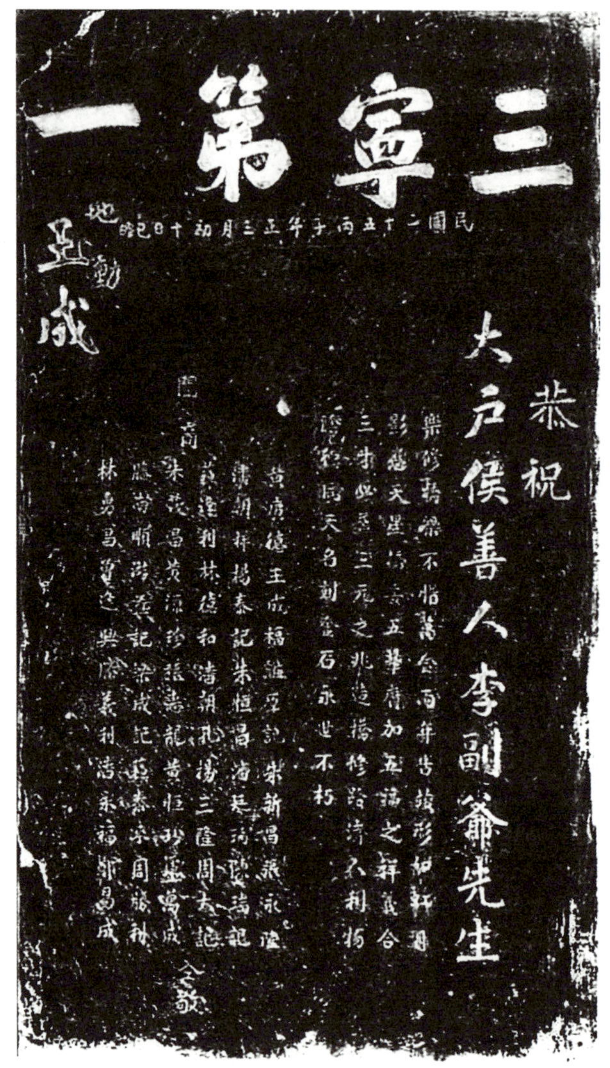

三宁第一

与接龙环秀并垂不磨于千古也，是岂不懿哉？爰为之铭曰：

惟君成梁，矫如龙翔，力能胜任，建此百常，形耸飞栋，势底康庄，重轩郁嵲，反宇壁珰，前宾四会，却背五方，熙来攘往，地久天长，颂声载道，勋绩维光，锡之以福，如陵如岗，神哉虹桥，永配无疆，式铭磐石，奕祀流芳。

这段碑文记载着，清代时的新江圩因"市北小江，地当孔道，上通南宁诸土流，下达珠浦诸场肆"，故而商贾往来如织。然而，也正是在新江之北，新江河横贯在新江与蒲庙间的陆路通道上，往来两地的行商士民要么沿着新江河直下八尺江，经那莲转邕江而至蒲庙，又或者只能依赖舟船横渡新江河，由陆路一直北上就可以到蒲庙了。对于多数是"肩挑而逐，子母背负"的小商贩、盐工而言，横渡新江河是他们最佳的选择。只是，新江河河水湍急，河道宽深，难以为渡，由此造成了河渡的艰难，"来苦跋涉者，六十余年矣"！当时的李翘然也曾经多次路过新江，也通过河渡渡过新江河，因见河流"扰扰乱流，望洋而叹，喧喧舟畔，接踵而嗟"，这才"遂发慈悲，不假签题，独立建造"了皇赐桥。皇赐桥的修建，历经波折。这座石拱桥早在1837年农历五月就已经开工修建，却耗时一年有余，才在次年的农历八月完工，其间或因资金不足，又或遭遇河道涨水、条石冲散等，而断断续续停复工，但在李翘然"亲力工所，寒暑无间"的努力下，最终还是得以修建成功。

皇赐桥建成后，有关此桥的修建得到了神助的传说便在当地渐渐传播开来。其中一个广为流传的版本，是说有一年邕江发大水后，九个头戴草帽模样的人从南宁返回钦州，在新江河畔坐船渡江时，因无钱付给船资，就以一顶草帽抵给了船家。他们下船后一路乞讨，来到了李翘然家，得到了李翘然的热心款待并留宿。酒足饭饱之后，李翘然在闲话间提及想为家乡的父老乡亲们修建几座桥，方便新江、百济一带的老百姓往来南宁城，奈何大灾之后，财力受限而不得成。这九人连连夸赞李翘然是个大善人，善心必有好报。第二天早上，九人都不见了，房间里只留下九个大缸，其中一个没有盖盖子，里面隐隐闪着阵阵白光，原来缸里面全装满了白银。这时，李翘然才醒悟过来，那九人都是仙人，为了帮他建桥而变成了九缸银子，其中那个没有盖子的缸就是没了帽子的人变的。当然，除了这一传说版本，还有其它类似的故事，这些传说故事虽然在细节上多有出入，但大致内容却是一致的，都是说李翘然在修建皇赐桥时，因心善收留了几名仙人所化的流民，最后在这些仙人的帮助下成功修建成了皇赐桥。

当然，皇赐桥的传说，是世人对于李翘然居然能以一人之力独资修筑成皇赐桥的不可思议的“壮举”赋予的一种神话。而对于修建了皇赐桥的李翘然，世人皆敬，直呼其为“李大善人”。李翘然（1783—1843），字秀峰，壮族，清代灵山县中宁练那马村（今邕宁区那楼镇罗马村）人。曾为宣化县学武生，嘉庆乙丑年（1805）岁贡，后补授卫千总（清朝绿营军官，正六品，隶于漕运总督所辖各卫，掌督率运员，领运漕粮），钦授武骑尉（清代散阶官名，武阶正六品）。李翘然以勤俭起家，富至数十万，为人慷慨乐施，扶贫恤困，多有善举，其中最为世人所称颂的，还是他捐巨资为家乡父老兴建的3座桥梁，即清廉桥、狮子桥和皇赐桥。而今，清廉桥和狮子桥早已湮没在历史中，唯有皇赐桥依然矗立新江河上，至今仍然发挥着重要作用。

皇赐桥建成后，在很长一段历史时期都曾是新江河上最繁忙的石拱桥，一度也是新江、那楼、百济一带商贾士民往来蒲庙必经的陆路要津。清道光六年（1826）进士、灵山县宋太练（今灵山县太平镇）官塘村人仇效忠因此还曾为之题名“三宁第一”，誉其为三宁乡之第一桥。“三宁”地区大致就是现在的邕宁区新江、那楼、百济一带，三乡界域接壤，地理位置正处在南宁城和钦廉（今钦州、北海等地）之间，在明清时期，曾经是邕钦间往来交流和贸易的必经道路，更是钦廉产海盐北上输往邕、桂等地的重要盐道。当时，盐商私贩们自钦州、廉州而始，由水陆路交替北上，经那蒙、小董、长滩、新棠、百济、新江直达那莲，再转八尺江下邕江，至蒲庙、南宁城，由此转运海盐、布匹、土产等货物。这条盐贸商道的兴起，带动了沿途圩埠的形成和兴盛，新江圩便是在这一时期逐渐发展起来的。新江，临新江河，下通八尺江，可走水路直达那莲、蒲庙，也可以沿着丘陵间的陆路北上，先到蒲庙，进而趋南宁，下邕江，是邕钦盐道上一处重要的埠市和中转站，《恭祝李先生碑序铭》中就谓之“地当孔道，上通南宁诸土流，下达珠浦诸场肆”。皇赐桥的修建，解决了新江河的横渡问题，便利了商民往来新江和蒲庙间，士民商货多赖其得通行，极大地促进了当地商贸的发展。正因此，在皇赐桥建成百年之际，当地商贾黄广德等为了纪念和颂赞李翘然建桥的功绩，再次筹资将仇效忠所题“三宁第一”镌刻成碑，并赋颂词，其中就写道：

（李翘然）乐修桥梁，不惜万金，两年告竣，形如虹月，影应天星。桥安五巩，膺加五福之祥，义合三才，必益三元之兆。造桥修路，济人利物，阴德同天，名刻金石，永世不朽。

历史上的皇赐桥，曾在新江乃至整个三宁地区、邕钦交通史上发挥了重要作用。而今，随着新江新桥的建成，虽然皇赐桥作为新江交通枢纽的历史已然不复存在，但皇赐桥仍然可供行人和小车通行，周边的商贾民众也习惯于由此往来新江河两岸甚至是蒲庙，皇赐桥依旧是当地重要的交通桥梁。

值得一提的是，在皇赐桥东桥头竖立的碑墙上留存的几块碑刻中，出现了大量的“鸡”（原碑文作繁体“雞”）姓捐资人名录，如清道光十七年（1837）的《皇赐桥》碑提到了鸡兆彭等8名鸡姓人，道光十八年（1838）的《恭祝李先生碑序铭》碑中也见有12名鸡姓人，民国二十五年（1936）《三宁第一》碑中也有1名鸡姓人。鸡姓是一个非常罕见的姓氏，目前仅见于两广（主要集中在广东佛山和广西东兴）及台湾地区，其他地方已基本上见不到此姓了。据说，鸡姓是佛山的本地姓氏，而这一姓氏源于“奚”姓，是奚氏先祖在迁移过程中，为避仇家而改为了“雞”姓。“雞”姓在清代时期，在两广地区并不算特别罕见，仅在当时的三宁地区，就分布有大量的“雞”姓人，他们大多沿着当时邕钦古道线分布，很有可能是早期“雞”姓氏由粤迁入桂的结果。在现邕宁区的新江镇，良庆区的那马镇等地仍存有不少“雞”姓后裔，只是他们这一支姓氏早在民国到建国初期就已经改回了“奚”姓。“雞”姓在新江、那马等沿邕钦古道上分布，很可能是“雞”姓沿邕钦古道迁移的结果，也是邕钦古道兴衰的一个重要历史见证。

（黎文宗）

## 一座古桥与一个古镇的兴衰沉浮

### ——清光绪二十八年《重修万寿桥福岗岭凉亭碑记》

碑在桂林市灵川县大圩镇万寿桥旁，刻于光绪二十八年（1902）。碑文由4方碑石组成，大部分为捐资名录。由碑文可知，万寿桥始建于明代，相传建于万历年间，初为木结构三拱板桥，后毁于洪水。清光绪五年（1879）重修，为三拱石桥，后再遭洪水冲击，濒临倒塌。光绪二十五年（1899），乡人再次集资重修为单拱石桥至今。此次大修共收到数十家商铺及三百多名个体商户捐资，共计银两2098两之多，收到材木140多株，另有石灰、山租、碑石银等，支出除用于重修万寿桥外，还用于修缮福岗岭凉亭、三官庙、扒义渡、勒碑等项支出。可谓“众人拾柴火焰高”，在大圩商人及附近各村善士的捐助下，一些公共场所和设施得到了完善。

万寿桥为东西走向单券拱石桥，架于马溪河上，马溪河在桥下游约20米处汇入漓江，桥高8.7米，宽6.8米，跨径15米，两端均有桥堍，东边为23级，西边为22级，各长7.3米。桥面以青石板嵌成，两侧有石围栏，长13.1米，高1.2米，围栏末端即四个角共有4尊造型美观别致的石狮。整个桥梁造型美观，设计精巧，坚固耐用，与周边古民居一道共同彰显着古镇的古朴优美。清末民初作为桂北水运码头的大圩，商贸繁荣，水运兴盛，桥梁作为传统水陆交通运输体系中的重要基础设施，既为人们的出行提供了极大便利，也在促进圩路的畅通、水运的连贯、商品的流通以及文化的传承等方面起到了重要作用。修建万寿桥及福岗岭凉亭作为大圩重要的公共交通工程，不仅便利了当地居民的出

● 重修万寿桥福岗岭凉亭碑记

行，也有利于推动大圩商业的发展，因此得到了大圩广大商人和民众的支持。

大圩古镇位于漓江北岸，北距桂林市区水程23千米，属临桂县，始建于北宋初年，时称“长安市”；南宋末年改名“大圩”，当时已是商贸繁荣之圩市，并设有税务机构。在明代时各种商行应有尽有，时称“芦田市”，亦称“五里古镇”。明初解缙有诗为证：“大圩江上芦田寺，百尺深潭万竹围。柳店积薪晨翼后，壮人荷叶裹盐归。”民国初期，大圩已形成了老圩街、地灵街、隆安街、兴隆街、塘坊街、鼓楼街、泗瀛街、福兴街共八条大街，铺面商号有“四大家”“八中家”“二十四小家”之称。古镇东有潮田河，西连相思河，北有漓江，水运便捷，往北可沿漓江而上至桂林，也可顺水南下达梧州至广东，为桂林东郊商品物资集散地，与宾阳的芦圩、苍梧的戎圩、贵县（今贵港）的桥圩并称为“广西明代四大古镇”，2005年被公布为第二批中国历史文化名镇。

古镇既是桂北的水陆码头，也是一座典型的商业市镇。不仅各色民居建筑、铺面商号、石板街、石桥、码头保存至今，而且还有外地商人的同乡会馆，如广东、湖南、江西会馆以及清真寺等。大圩上的民居大多依江岸上的山坡自北向南面江而建，南低北高，从而形成了街道与江并行的格局。东西走向的石板街延绵2.5公里，宽约2米，路面由鹅卵石拼花或青石板铺砌而成。古民居多以筒子屋居多，屋前面街，屋后临河，前店后室，窄深如筒，分前、中、后三进，由门堂、天井、正房、厢房、后院组成。前部临街建筑多为两层，第一层做商铺，第二层住人，集商住于一体。第一层中部有天井，多以花草盆景点缀。第二层中部设有回廊，顶部有亮瓦，通风采光。天井后是高大宽敞的正房，内多供奉祖宗牌位，同时也是主人活动会客的场所。临江的筒子屋在后院多辟有后门，建有石阶通往江边，既可取水、洗衣，又方便货物运输。

（刘方进）

## 湘桂古商道上的义举

### ——清光绪三十一年《新建三月岭凉亭及捐施茶田碑记》

碑刻于光绪三十一年（1905），在桂林市灵川县灵田镇长岗岭村后的三月岭凉亭。又《梁正麟三叠岭二绝》，刻于光绪三十三年（1907）。长岗岭是灵川县灵田镇的一个自然村，原名瑶山岭，北有军事要隘桃子隘，东可达高尚镇，南为三月岭，往西南可经灵田镇西至桂林或南至大圩镇。三月岭凉亭，又叫五里亭，位于长岗岭村附近三月岭的北端，由长岗岭人莫崇玖奉母命独资修建，并施良田八亩六分，每值端午节过后到中秋节期间，雇人在此烧茶，免费供给过往行旅饮用，所需费用从莫崇玖所捐田亩的租谷中解决。该亭为砖石木结构，有对称拱门两个，门框由料石构成，一门楣上方书“五里亭”，另一门楣上方书“三月岭”，脊檩木上书有“灵邑长冈村莫崇玖建立，大清光绪乙巳仲秋月”字样。2006年，三月岭古商道、长岗岭古民居、长岗岭古墓群，一并被列为全国重点文物保护单位。

独力捐资修建凉亭并捐田八亩六分来雇人施茶，这在当时来

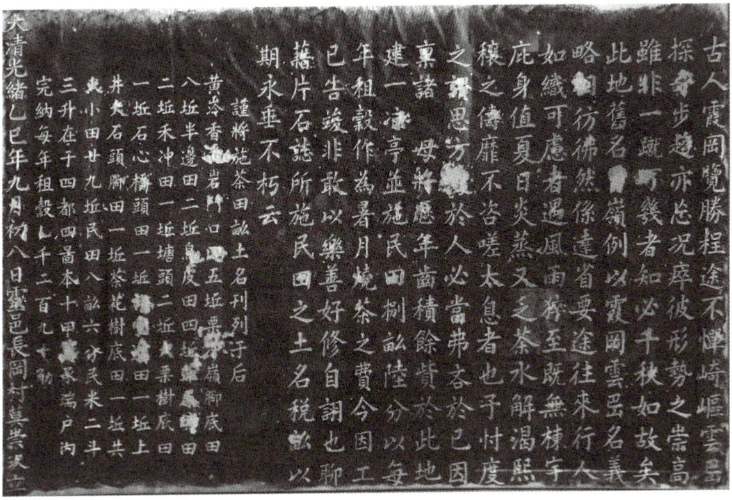

古人霞岡覽勝程途不憚崎嶇雲邑
採奇步趨亦忘況瘁彼形勢之崇高
雖非一蹴可幾者知必千秋如故矣
此地舊名□嶺例以霞岡雲邑名義
略同彷彿然係達省要途往來行人
如織可慮者遇風雨務至既無棲宇
庇身值夏日炎蒸又乏茶水解渴照
稼之儔靡不咨嗟太息者也予忖度
之□思方□於人必當弗吝於己因
稟諸母將歷年齒積餘貲於此地
建一涼亭並施民田捌畝陸分以每
年租穀作爲暑月燒茶之費今因工
已告竣非敢以樂善好修自詡也聊
藉片石誌所施民田之土名稅畝以
期永垂不朽云
謹將施茶田畝土名刊列于后
黃岑香□岩門口田五坵栗□嶺腳底田
八坵半邊田二坵泉皮田四坵□□□田
二坵禾沖田一坵塘頭二坵大栗樹底田
一坵石心橋頭田一坵□□□田一坵上
井大石頭腳田一坵茶花樹底田一坵共
大小田廿九坵民田八畝六分民米二斗
三升在于四都四啚本十甲□□□戶內
完納每年租穀□千二百九十觔
大清光緒乙巳年九月初八日靈邑長岡村莫崇玖立

新建三月岭凉亭及捐施茶田碑记

说，是一件非常了不起的事，也是一个区域的大事，因此还引起了时任灵川知县梁正麟的注意。梁正麟曾题诗一首以表彰莫崇玖的功绩，其碑文亦嵌在了凉亭的墙壁上。民国《灵川县志》对此亦有记载："莫崇玖，字蕴山，五区长岗村人，光绪三十年间遵母命于四里三月岭头，灵、桂、兴、灌四县通道之处独建凉亭一座，并购田八亩给佃供茶，三十三年知县梁正麟勘界过此，为题诗二首以记之。"在梁正麟的视察下，莫崇玖又依梁正麟的提议出资维修了商道，即在三月岭古道两旁栽种松树500余株。至今百年，古松屹立古道两旁，一同构成了当地一道独特的风景线。

茶亭不仅为三月岭古商道上的商旅提供了一个纳凉、解渴的好场所，还为捐资者莫崇玖赢得了好名声，同时也为长岗岭村的繁盛奠定了基础，建亭施茶可谓一举多得。三月岭古商道为湘桂古商道中的一段，湘桂古商道起于湘南，然后沿湘江向西南穿越都庞岭到全州，再过界首抵兴安分水塘，接着向南经崔家乡抵高尚镇。由此分两路：一路向西越过桃子隘到长岗岭，接着向南过三月岭经灵田镇过熊村抵大圩镇，或由灵田镇往西达桂林；一路向南经海洋乡再向西南过潮田乡到达大圩镇，或由海洋乡分道过大盖岭经涧沙村抵熊村，最后南下入大圩镇，到达大圩镇后可由桂江南下通梧州甚至达广州。如此，这一商道便起着连接湘南和桂北、联通湘江和桂江的作用，故名之湘桂古商道。

湘桂古商道的兴起既促进了沿线村圩的兴起、商业的兴盛，也为这一区域人文的兴盛以及交通的建设提供了条件，长岗岭村莫崇玖等人的发迹及其所建府第遗存即是明证。开启陈氏发家之路的陈仕显，因被一个过路盐商看中并收为义子，在私盐贸易中发家致富；其子陈焕猷从其父贩运私盐，父子皆成为灵川的富商，并乐于慈善事业，因此得灵川知县汪雨浦送陈焕猷“乐善不倦”匾额；而陈焕猷之子陈大彪在继承先祖基业的基础上更进一步，因护卫湘桂古商道有功，被授予正六品“卫守府”衔；陈大彪之子陈运世，以及其孙陈明言，承继祖业，分别被授予正六品“承德郎”衔和从五品“同知府”衔。长岗岭建筑群“卫守府”“别驾第”“大夫第”就是陈焕猷至陈明言这四代人建造的。至于长岗岭莫氏家族，则兴起于做桐油贸易的第十六世祖莫芳杰，其子莫昌得、莫昌英继陈焕猷之后成为灵川大富商，其孙莫世亨、莫世则因在咸丰年间组织民团抵抗太平军有功而被授予六品军衔，莫氏一族广置田产、商铺、宅院，兴建莫氏宗祠凝聚宗族力量，势力最盛时甚至发展到严关、大圩一带。莫崇玖承继家族事业，为继续维持着商道的兴盛，遂有修建茶亭雇人施茶之举。

（刘方进）

# 广西第一座公路石拱桥
## ——民国十年《鼎建镇武桥记》

镇武桥，位于南宁市武鸣区西南的城厢镇灵水路与五海路交会处，南北向横跨在西江（也称武鸣河）上，是一座三孔石桥。桥长79米，宽6.71米，高11米，设三拱，每拱跨径14.8米，以条石垒砌为墩，桥体则以料石、灰浆砌筑，三合土填充。这是镇武桥最初建成时的样子。而今，我们看到的镇武桥已是由中间的行车道（即原桥面）和两边的人行道构成，行车道为混凝土铺设，人行道则是混凝土结构，临江一侧各装设有一排铁护栏，护栏上用铁艺制作了56幅镂空画，画的顺序是龙、凤、鱼，然后依次循环且每幅画都有一个名称，依次是双龙戏珠、双凤共鸣、鱼跃龙门等。这样的桥体面貌，让很多人误以为这座桥是当代修筑，但实际上，这座桥乃是陆荣廷于民国十年（1921）修筑的广西第一座公路石拱桥，曾在广西交通史上发挥了重要作用。

今天在镇武桥的北端桥头，仍保存着一座方形歇山顶砖木结构碑亭，亭内西墙上还保留有两通完好的石碑，其中便记载了镇武桥修筑的历史。这两通碑刻中，题名为“鼎建镇武桥记”的碑

# 鼎建鎮武橋記

五海渡去城南里許溪源二一發鳴山一出白勒關下與渡頭會過梁墟巴勧打瑞等處入邕寧屬之右江秋冬間水深三四尺夏雨溪水暴漲潮流湍急洶湧澎湃行人有望洋之嘆揭厲之虞雖有艇可渡然一葦而航視子產之以乘輿濟人奚以異欲圖普濟非建橋不為功建以木費省而功小為用不過十年而日久雨淋且處頗擠建以石功大而費又浩繁吾鄉人士具中人之產者固寥寥也醵貲既勢有不能獨任又力恐未逮將見義而弗為歟無勇之譏詐可畏也職是樸括宦囊不足則繼以稱貸募匠伐石計日程工經營凡四閱月需款四萬有奇而橋始告成因名之曰鎮武非敢謂成仁取義能濟人於久遠也但願夫後之往來者步步趋趋咸遵正軌以蓬蘇達此則吾建橋之本旨也

中華民國十年歲次辛酉季春月吉日 立

鼎建镇武桥记

刻便是由陆荣廷撰书，其碑为青石质方碑，高1.23米，宽0.7米，碑文真书，正文11列300余字，记载了陆荣廷修筑镇武桥的因由和始末。碑文是这样写的：

五海渡去城南里许，溪源二,一发鸣山，一出白勒关下，与渡头会，过梁圩、巴勋、玎珰等处，入邕宁属之右江。秋冬间水深三四尺，夏雨溪水暴涨，潮流湍急，汹涌澎湃，行人有望洋之叹，揭厉之虞。虽有艇可渡，然一苇而航，视子产之以乘舆济人，奚以异，欲图普济，非建桥不为功。建以木，费省而功小，为用不过十年，而日炙雨淋，且虑颠挤。建以石，功大而费又浩繁。吾乡人士，具中人之产者，固寥寥也，醵资既势有不能独任，又力恐未逮，将见义而弗为欤，无勇之讥评可畏也。职是搜括宦囊，不足则继以称贷，募匠伐石，计日程一，经营凡四阅月，需款四万有奇。而桥始告成，因名之曰“镇武”，非敢谓成仁取义，能济人于久远也，但愿夫后之往来者，步步趋趋，咸遵正轨，以达庄逵，此则吾建桥之本旨也。

根据陆荣廷碑文所载，镇武桥建在五海渡口处，五海渡“溪源二,一发鸣山，一出白勒关下”，也就是今天的西江和东江，在渡头交汇，虽然秋冬枯水季水深不过三四尺，但“夏雨溪水暴涨，潮流湍急，汹涌澎湃，行人有望洋之叹、揭厉之虞”。碑亭中另一块民国十一年（1922）《镇武桥碑记》中更是提及：“每逢春涨，潦水泛滥，各村之人，或数日不通音问。曩虽刳木为舟，然一苇所杭，往还竞渡，危险时虞，父老久苦之而无可如何也。”这种情况下，陆荣廷认为“欲图普济，非建桥不为功”，“建以木，费省而功小，为用不过十年，而日炙雨淋，且虑颠隮。建以石，功大而费又浩繁”，建木桥虽省钱却不耐用，建石桥却又费用极高，工序繁复，建筑困难。而考虑到当时的武鸣人士“具中人之产者，固寥寥也，醵资既势有不能独任，又力恐未逮”，正如《镇武桥碑记》所云：“第此河水深岸阔，不易集事，且其工程之浩大，需费之殷繁，虽集全邑之力，尚难肩举”。于是，陆荣廷捐资“倡议建筑石桥”(《镇武桥碑记》)，“不足则继以称贷”，募得四万余银元，历时4月有余，终建成了此石桥，陆荣廷遂将之名为“镇武桥”。

实际上，在历史记载中，镇武桥的修建，还要追溯到陆荣廷修筑邕武公路之时。陆荣廷（1859—1928），壮族，原名陆亚宋，字干卿，今南宁市武鸣区宁武镇垒雄村人。出身贫寒。中法战争时应募投唐景崧部，战后被裁。1893年，受广西提督苏元春招抚，编入健字前营，任管带，改名荣廷。1907年镇南关之役后升右江镇总兵，旋改左江镇总兵，1911年擢升广西提督。广西宣告“独立”后被推为副都督，旋任都督，拉拢旧军人，形成桂系军阀集团。1913年因镇压“二次革命”而被袁世凯授予宁武将军、耀武上将军、广西巡按使等职衔。护国运动后，于1917年被任命为两广巡阅使。第二次粤桂战争后，以李宗仁为首的新桂系开始崛起，陆荣廷先后两次通电下野，最后于1924年移居苏州，并于1928年在上海病逝。1929年，其灵柩被运回武鸣县，葬于城西狮啸山。陆荣廷在出任广西都督后，便议将广西的省会迁到了南宁，以南宁为根基，建立了旧桂系军阀。陆荣廷有很深的家乡情结，他在任时，便在家乡武鸣大兴建设，包括修筑宁武庄园、捐修起凤山、购置明秀园、修筑宁武至灵水窄轨铁路等，此外还于民国四年（1915）调集工兵营开始修筑南宁至宁武庄的邕武公路，民国八年（1919）才竣工通车。这条公路起始于南宁，经高峰、双桥至武鸣，终点却在武鸣西南的宁武庄园，全长53公里。宁武庄园，全名为宁武将军庄园，是陆荣廷于1914年在今武鸣华侨农场宁武分场旧圩队一带兴建的一处私人庄园，是陆氏亲眷及军政要员住所，同时也曾作为陆氏与胡汉民等共商讨袁护法等军政大事之地，1921年第二次粤桂战争中被毁。镇武桥，即位于邕武路之武鸣县城至宁武庄园这一段路线上。1919年，邕武路贯通后，由武鸣往宁武庄园一段却在城南五海渡因河水而受阻，民众往返均靠小船横渡，汽车则无法摆渡。于是在1921年冬，陆荣廷亲临巡视后，首议筹资，先是在渡口砌墩架设木板桥，后因两岸无岩石支撑，河面宽而河水流速大，故桥未建成便遭洪水冲垮，“旋筑旋圮，而公则再接再厉”（《镇武桥碑记》），其后，乃移至下游50米处另建石拱桥，此即镇武桥。

镇武桥的修筑，方便了西江南北两岸民众往来武鸣县城，便利了交通。虽然在陆荣廷下野后，武鸣至宁武段公路大多荒芜，难行汽车，但仍可行走马车，是沿线村民往来武鸣县城的必经之路。民国二十一年（1932），武鸣县城至锣圩段公路兴建后，镇武桥成为了这条后来被称为邕色线（由南宁至百色，旧称武平线，起始于武鸣县城，经锣圩、灵马至田东县平马镇）公路上的主要桥梁，再度发挥起了重要的交通作用。1983年，随着镇武桥旁新建起的五海桥（俗称新五海桥）通车，镇武桥便成为了武鸣县城通往灵水景区的风景游览桥。1988年6月，武鸣县人民政府将镇武桥公布为县级文物保护单位，1995年又对其进行维修。也就是这一次维修，在镇武桥的桥面上新铺了混凝土，桥面两边也各伸出2.71米为人行道，并设置了铁护栏，使得镇武桥风貌不再。

（黎文宗）

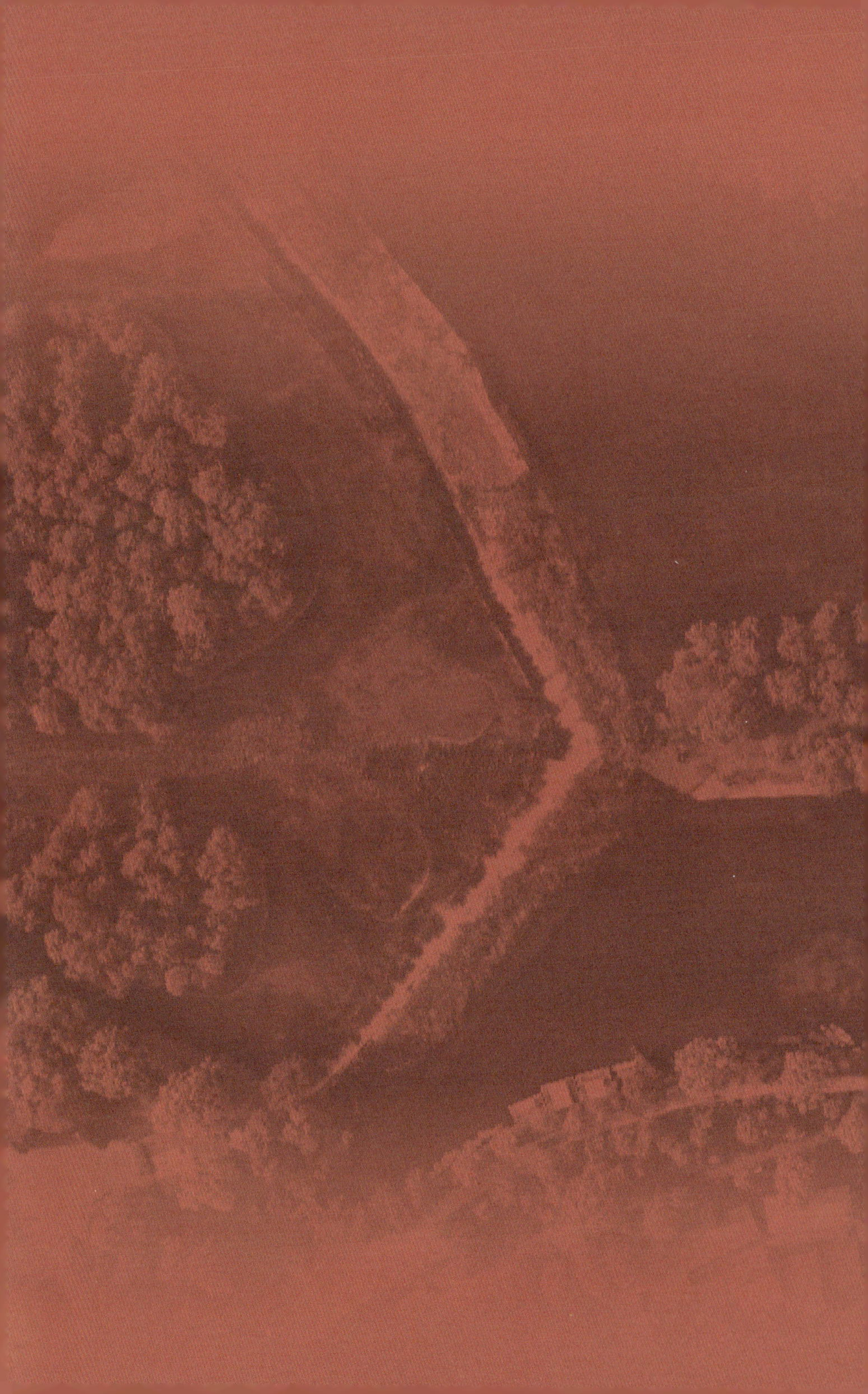

# 码头渡口

# 木龙洞下的警示牌

## ——清同治六年木龙渡口义渡摩崖石刻

木龙洞码头义渡石刻位于桂林市叠彩区叠彩山木龙洞古木龙渡口的崖壁上，刻于同治六年（1867）。第一方石刻主要记载了私渡渡夫董福弟等七人因图微利，故意制造事端阻挠义渡运营，被义渡渡夫控诉至官府，立下字据从此不得在木龙洞码头渡人的事件原委；第二方石刻内容主要记载了临桂县衙为防止义渡渡夫勒索过客钱财，命人刻告示于石以警示渡夫，从而保障义渡的正常运营。两方石刻相继刻于同治六年（1867）的五月和六月，内容也有着密切关联，一方石刻约束私渡渡夫，另一方石刻则是规范义渡渡夫。两幅石刻简洁明了，以通俗的口语和十分形象的文字，为我们讲述了一段当年发生在木龙渡口的往事。

每年四五月间，正是漓江水涨的时候，往来于木龙渡口的行人骤然增多，为方便行人往来，清同治年间，众人集资置办了一条义渡船只，雇请两名渡夫撑船，后来一条义渡船忙不过来，当地士绅商议决定增添一条渡船。董福弟、黎长儿等七个平日里靠渡船谋利的私渡渡夫，因义渡的设立而心生怨恨，阻挠义渡船正

木龙洞码头义渡石刻（1）

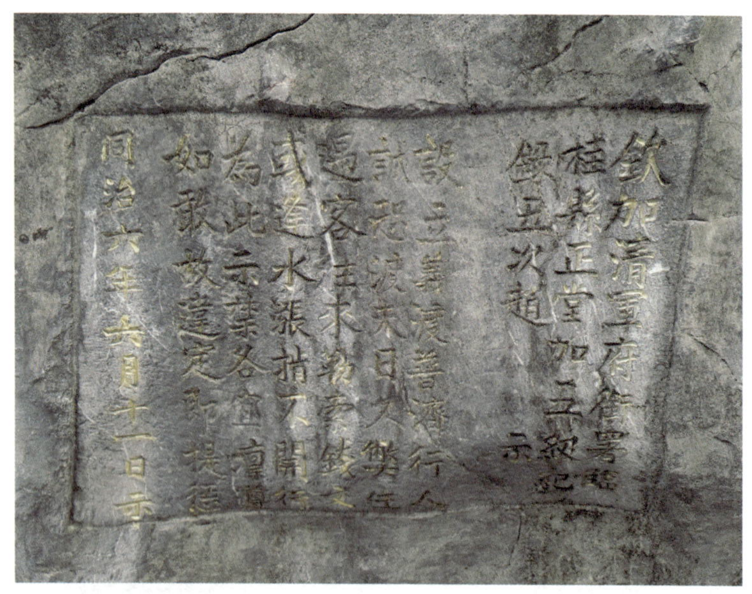

木龙洞码头义渡石刻（2）

常运营。于是义渡渡夫和私渡渡夫便起了争执，事情闹大后，惊动了临桂县官府。官方出面严惩了干扰义渡的七个私渡渡夫，并勒令其写下悔过保证书，刻于木龙渡口石壁上。之后的一个月，木龙渡口由于没有私渡渡船的干扰，义渡渡夫有恃无恐，开始出现勒索过客钱财的行为，此事传闻至官府，官府再次勒石发布公告来约束义渡渡夫。两幅石刻犹如紧箍咒，时刻提醒着渡夫不能见利忘义，要遵规守法，干好自己的本职工作。古人文字，言简意赅，若不细心解读，则难以读懂其中的故事。

义渡是指津渡建设、管理及运作中所产生的费用全部由个人捐资或人们自愿集资来承担，为行人提供过河服务而不收取任何费用的公用渡口。随着区域社会的发展，兴建义渡成为一个区域社会进步的标志。义渡的兴起和广泛设置，节省了人们的出行费用，降低了出行风险，极大地便利了民众的生活。漓江之滨，渡口众多。“叠彩山下有个木龙洞，木龙洞下有个木龙渡，木龙渡口立着一座木龙塔”，这是曾经流传于桂林人口中的一段顺口溜。古时，这里是桂林北面进城出城的水陆交通要道。当时的叠彩山，将沿江而立的城墙隔为南北两截，往北通东镇门、东江驿；往南可达伏波山、象鼻山；往东渡江，则可抵达七星山。木龙渡口，就处在这个四通八达的节点上，其靠山临水，景色优美，明崇祯十年（1637）六月，徐霞客抵达桂林，途经木龙渡口时，曾这样描述道：“洞北辟而成崖，缀以飞廊，前临大江，后倚悬壁，憩眺之胜，无以逾此。”二十世纪六十年代初，电影《刘三姐》剧组在拍摄“刘三姐与三秀才对歌打擂”这一场戏时，就选择了木龙古渡作为拍摄场景。如今，失去了交通要道功能的木龙古渡只剩下幽深的木龙洞和孤傲的木龙塔相伴相守，不离不弃。

木龙渡口系天然石矶渡口，共由三块紧邻的天然石矶组成，渡口平台面积约60平方米，整个平台略有起伏，中部靠西凿有七级台阶，由于长年磨蚀，部分已经凹陷，石矶外围凿有七个略呈环状分布的圆孔，为搭建凉亭时留下的遗迹。另有一些作系船用的大小不一的牛鼻眼，平台之西有九级料石台阶向上与叠彩山石板道相连。古渡所在的叠彩山由于越山、四望山、仙鹤峰和明月峰组成，现存摩崖石刻207件，计唐代5件、宋代11件、元代6

件、明代60件、清代95件、民国5件、无年代可考25件，主要分布在风洞、白鹤洞、木龙洞及登山道的路旁。摩崖石刻是叠彩山文物古迹中最为珍贵的一项，其中叠彩山的石刻以诗文为主，内容多是描写山水形胜。现存最早的石刻是唐会昌四年（844）元晦撰写的《叠彩山记》和《四望山记》，记载叠彩山、四望山命名由来和开发经过。

（刘方进）

## 邕江河畔的繁华
### ——清同治十一年《重修魁台码头碑记》

《重修魁台码头碑记》碑现存于南宁市博物馆，刻于清同治十一年（1872）。石灰岩青石质，高110厘米，宽72厘米，厚8厘米。碑文楷书阴刻。碑体保存不佳，已断为两截，碑石表层磨损较为严重，不少字迹已难以辨识。

魁台码头实际上是南宁老城区邕江边三界庙前的一个石阶平台，因临江而兼有码头之用途，故称为魁台码头。据《邕宁县志》记载，三界庙“在仓西门外三界坊街，旧日为商界聚会议事场所，面临大江，与天妃宫近，今为第二国民学校”。三界坊即今壮志路（水街西侧），三界庙应在壮志路4号一带，不仅是附近居民祭拜祈福的场所，也是商界聚会议事的场地。清代三界庙周边庙宇、书院、会馆众多，分布着华光庙、三皇庙、新会书院、顺德书院、粤东会馆、安徽会馆、两湖会馆等，是当时南宁最为繁华的商业街区之一，形成仓西门外繁荣的商业贸易区，街名多以主要经营的行业冠之，有盐行街、木行街、棉花街、打铁街、打铜街、线行街、棕竹街、布行街、上廓街、水街、会馆街、豆豉

重修魁台码头碑记

街、茶亭街等。魁台码头的捐修即是当时邕江两岸码头林立和商埠兴盛的一个历史见证。

此碑记分序言和捐资名录两部分，序言先叙述了魁台码头的位置、作用和现状，接着阐述了重修魁台码头的必要性和重要性，一方面是方便人们前往三界庙祭拜，另一方面是为后辈捐修公共工程做出榜样。捐资名录主要记载了衣锦坊、兴庆坊等各坊居民和常和号等个别商号的捐资情况，从捐资者身份来看，有耆老和绅士的区别，这些人都是参与捐资人中名望和地位相对较高的，故单独罗列了出来，当中的个别人还是这项工程的主导者，如总理曾朝帻既是耆老，也是捐资最多的人。从金额来看，多的捐资达五千文以上，少的几百文，以一千文居多，合计捐资收入十万一千五百四十文，支出九万四千二百五十八文，收入大于支出，有所剩余。支出主要是材料和人工费，没有开工、竣工、酬神等方面的支出。由此可见，此次捐修魁台码头只是一次常规性的募捐，因工程量不大，且捐修码头主要是方便各坊居民生活，所以没有向地方官员和各大会馆募捐，个人所捐钱文并不算多，为彰显众人的功德和公开捐资的使用情况，倡修者勒石以志，遂有此碑存世。

码头是指在江河沿岸及海岸港湾内，供船舶停靠、装卸货物和上下乘客用的建筑设施，属于水路交通中的重要环节，既是航运兴盛、商贸繁荣的重要载体，也是不同群体开展社会活动和进行生产生活的重要空间，成为了城市空间的重要外延，为城市发展提供了基础保障。邕州古城，自古扼据水路要冲，商旅辐辏，百业兴旺，由码头而集市，由集市而街区，由街区而城池，相互依存、互相促进，成就了南宁古城区的繁华与辉煌。魁台码头在邕江岸边众多码头中并不出众，其周边有万寿宫码头、仓西门码头、石巷口码头、线行街码头、水街码头、白衣巷码头、下郭街码头等，皆为船舶如织、商旅云集的著名码头，因此魁台码头显得无足轻重，其捐修主体仅有部分绅士和耆老，并没有官员、会馆、书院参与，其主要功能是方便人们进出三界庙拜神祈福以及浣洗取水等生产生活，舟船泊靠、货物转运、渡客过河等功能并不突出。虽说如此，魁台码头的重修给我们留下了不可多得的碑刻遗存，为今人了解当时人们的社会生活、祠庙遗存和街坊地名提供了珍贵的史料，依然值得我们重视和研究。

（刘方进）

# 舟移情送客西东

## ——清光绪二年《普济义渡》碑

八尺江，位于邕宁区蒲庙镇西侧，属于邕江一条重要支流，因枯水期时，中游水面最窄处只有八市尺（约合2.67米）宽，故名。八尺江，可以说是蒲庙的母亲河，蒲庙因八尺江而兴，八尺江也因蒲庙而盛。明清时期的八尺江，曾经繁华一时。彼时，蒲庙、那莲一带盛产蔗糖、土布，享誉周边，据说蔗糖曾作为贡品呈献给清王廷，土布则有“千好万好不如那莲土布好”的俚语。而且在当时，钦州廉州所产海盐，也会沿着那蒙、小董、长滩、新棠、百济、新江等地一路北上，进入八尺江，顺着八尺江达蒲庙，从这里转运南宁、广州等地，是当时邕钦古盐道的重要一环。一时间，八尺江上舟楫往来，盐商士贾接踵而至，从钦廉而来的海盐和蒲庙本地所产的白糖、土布等特产在这里交接、转运，或溯邕江而上到达南宁，或顺邕江而下至横州，远达郁江和西江下游的贵港、梧州、广州等地。位于八尺江与邕江交汇处的蒲庙由此逐渐兴盛，成为周边地区一大圩场，附近良庆、梁村等民众多至蒲庙赶圩。

梁村，在蒲庙西面，分成多个坡屯，居住在八尺江下游两岸，因八尺江相隔，两岸村民往来蒲庙就成了一大难题。既没有桥梁，也没有滑索之类，村民们只能依靠舟楫横渡八尺江。在今天梁村地良坡东面，现在的八尺江防洪河堤的东侧，八尺江在这里蜿蜒而过。江的西岸上，有一条蜿蜒的小路沿着防洪河堤一直延伸至八尺江边，而在这条小路边的荒草掩映中，立着一块高约1.5米、宽1米、厚0.18米的圆首青石碑，碑首题名为“普济义渡”。这块碑中，就记载了清代梁村埠镇和公曹两个坡屯民众为了横渡八尺江而建渡口、置义渡之事。

这块碑刻于清光绪二年（1876），圆首，碑首正中以楷体浮雕阳文竖刻有“义渡”两字，每字大约12厘米，笔画凸起约2厘米，字迹清晰。“义渡”两字的左右两侧，还分别刻有“普济”两个略小一些的字，同样是楷书阳刻，每字大约9厘米，自右而左横读。碑首两侧及碑体两侧上方浮雕有两条盘旋而下的降龙纹，龙尾在上，龙头在下，龙身半隐半现，仿佛穿行碑体上。龙头面向碑心，昂然举首，巨口大张，獠牙俱露，长舌吐出，双眼圆睁，角须分明，显得威严而有气势。龙身背鳍隆起，鳞片节次，四爪张开，踏云而来。祥云纹点缀其间，团簇如花朵。双龙之下，位于碑体两侧的下方，各有一只展翅衔额的蝙蝠，额呈竖长方形，内阴刻有一副对联，自右而左题为：

石镇芳流江左右，
舟移情送客西东。

普济义渡（1）

碑心为序文和捐资名录，其中序文是由当时宣化县廪生、梁村人梁重光书撰，内容很短，只有三百余字，作：

尝考先王之制，岁十一月徒杠成，十二月舆梁成，则民未病于涉。诗又曰：造舟为梁，就其深矣，烝徒楫之。是先王济人利物之功，至详且尽，洵美且备矣。如吾梁村埠镇、公曹两堡，先人卜宅，以来势扼八尺江下流，负河而居，上通郡城，下通横、永、钦、廉等处，虽非属仕宦来往之康衢，而远方商旅、近处农工，时所必经之要路。昔我高曾也，曾刳木为舟，济我同人，然仅系按户派出渡需，而时事之变迁靡定，年岁之丰歉无常，则渡需不给，渡子难招，渡船或因之失济，遂致隔断。水兮盈盈，临河裹足，空使劳人兮草草中道回头。仁等蒿目伤心，爰集同志，踊跃劝捐渡资，叨承仁人乐助，共计得蜻蚨弍百七十串有奇，襄成义渡美举。于是将此项，半往良庆圩买受铺地，卜吉起造、出租，半留生放出息，以为永久。义渡支费，庶几我友，邛须休嗟！匏苦苍葭，道阻端藉，苇杭驾一叶之扁舟，同登彼岸。祝诸君之慈惠无俟解囊，俾尔寿而富，俾尔炽而昌！是为序。

这段碑文记载了梁村的埠镇、公曹两处坡屯，因地理位置优越，距八尺江口不远，溯邕江而上可以到达南宁城，顺邕江而下又可至横州、永淳（在今横州市峦城镇），沿着八尺江还可通钦州、廉州等地，“虽非属仕宦来往之康衢，而远方商旅、近处农

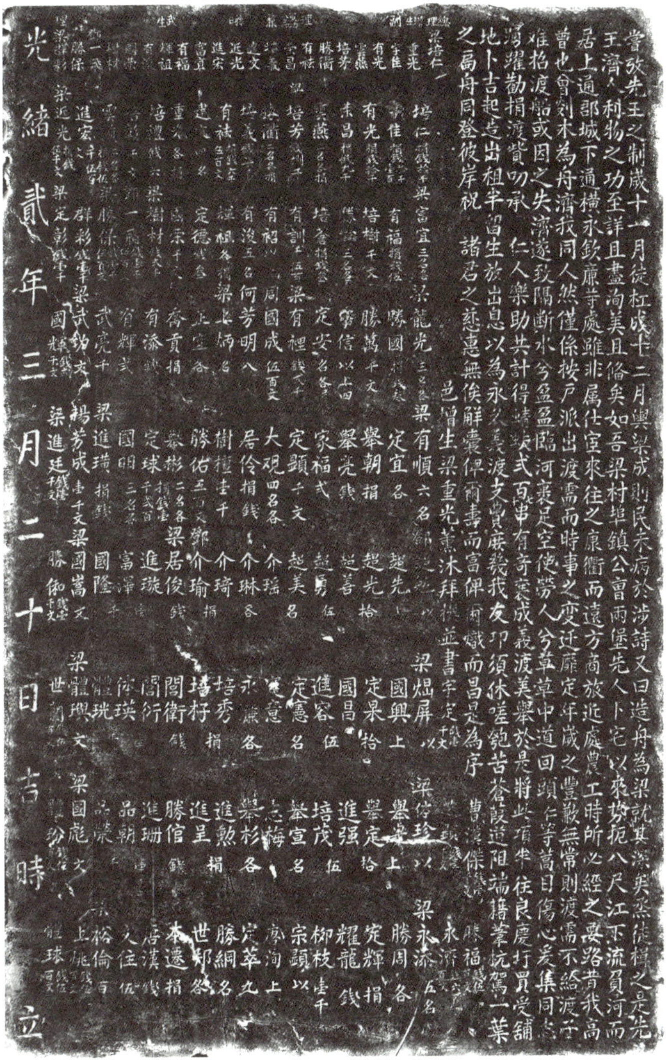

嘗攷先王之制歲十一月徒杠成十二月輿梁成則民未病於涉詩又曰造舟為梁就其深矣方舟之是先王濟人利物之功至詳且盡洵美且備矣如吾梁村圩鎮公會兩堡先人卜宅以來勢扼八尺江下流貫河而居上通郡城下通横永欽廉等處雖非屬仕宦來往之康衢而遠方商旅近處農工時所必經之要路昔我高曾也曾刳木為舟濟我同人然僅係按户派出渡需而時事之變迁靡定年歲之豐歉無常則渡需不給渡子难枱渡船或因之失濟遂致隔斷水兮盈盈臨河裹足空使勞人兮草草中道回頭仁等蒿目傷心爰集同志踴躍勸捐渡費叨承仁人樂助共計得錢貳百串有奇庶成義渡美舉於是將此項在良慶圩買受鋪地卜吉起造出租半留生放出息以為永久義渡之費庶幾我友卬須休嗟匏苦蒼葭道阻瑞搢紳笑抗篤一葉之扁舟同登彼岸祝諸君之慈惠無疆俾爾壽而富俾爾熾而昌是為序

邑增生梁重光薰沐拜撰並書

光緒貳年三月二十日吉時立

普济义渡（2）

工，时所必经之要路”，所以，历史上，梁村先人也曾“刳木为舟，济我同人”，建立河渡以渡济众人，但在长期维持河渡的过程中，因是按户定期分摊渡资以雇买船夫，给当时的村民们造成了极大的负担，故而每遇到时局动乱、收成欠佳之时，便难以收取渡资，更无钱雇用摆渡的船夫，最终导致渡船废弃、众人难以为渡。清光绪二年（1876），在梁培仁等人倡议下，梁村埠镇、公曹两屯村民共同捐资再次重建了义渡。这时的义渡是相当简陋的，既没有大块条石砌筑的码头，也没有宽敞空间的大船，有的仅仅只是一叶扁舟、一个船夫和几块供人上下船的木板，但就是如此，义渡的存在还是解决了八尺江下游地区梁村等民众横渡八尺江、往来良庆与蒲庙之间的交通问题，极大地便利了周边的民众生活。

梁培仁等人为了解决义渡渡资问题，以维持义渡的长期运营，又将募捐得到的二百七十千文钱分为两半，分别用以“往良庆圩买受铺地，卜吉起造出租”和“生放出息”，利用这些钱为本金“投资”到铺面出租和放债上，依赖铺面租金和债务利息作为“义渡”的一切支费之用，从而实现义渡的“永久”维持。梁培仁等人的投资行为中，“往良庆圩买受铺地，卜吉起造出租”即是以铺面租金维持义渡运营，这种买受铺地或田地进行出租以其利息供养庙宇、祠堂、书院等的做法，在中国古代是一种非常传统的投资手段，同时期南宁的一些书院、庙庵等留存的碑刻中，也多有类似做法的记载，如邕宁五圣宫清道光二十年（1840）《重建五圣宫碑记》中就详载有乾隆至道光年间五圣宫所获捐赠的铺地资产情况，并有“以上各铺每年三九月，当年值事收租以作香灯之需”的记载；那莲乾隆五十八年（1793）《鼎建戏台碑记》中载有北帝庙庙产“□铺壹拾叁间，座落庙前，宝铺壹□，座落庙左”，毫无疑问是为维持北帝庙和戏台开支而置办；邕宁刘圩斑峰书院劝戒规条例碑所载院规中单列有“亲查租田，以八月初一收早谷租”一条，亦是以田租供养书院开支。而梁培仁等另外一种“生放出息”的投资行为，却是古代的“放债”。宋人洪迈对此有过解释：“出本钱以规利入，俗语谓之放债，又名生放”，用我们今天的话说，就是借贷。当然，在古代，这种借贷的利息是非常高的。民国《邕宁县志》曾记载，当时邕宁的民间借贷中，“普通借贷，利息三分，或至四五分”，利息已经极高，而高利贷还有“放谷花”“放糖花”“日日利”等名头，多是利滚利。而据《邕宁县志》载，这种民间借贷行为，“在昔清季盛行”。尤其是鸦片战争以后，随着资本主义的冲击，原有的生产和生活方式被破坏，加上天灾、战祸频繁，造成了传统社会经济的衰落，民族资本主义发展，民间借贷需求有所增加。正是在这样的背景下，梁培仁等人才会将“生放出息”当成了维持义渡运营最为重要的一项投资手段。

有意思的是，在《普济义渡》碑中，还曾提到过“渡子”，也就是船夫，其所感慨先高曾祖时因按户分摊渡需以致负担过重，“时事之变迁靡定，年岁之丰歉无常，则渡需不给，渡子难招”。从碑文提到这个义渡需要“按户派出渡需”才能满足需求判断，当时这个“渡子”的雇佣应是长期的，很有可能就是当时八尺江上常见的“船户”一类人了。船户，顾名思义，就是以船为家，靠船运、摆渡、打鱼为生的一类人。清代，由钦廉往来南宁的商贸通道主要仍是依赖水运，“水路自那连八尺江转运邕江”，当时“小船可到上游那马、新江、大王滩支河运出盐和土特产，转大中船出邕江上达南宁及左右江的龙州、百色，下达梧州、香港，运回棉纱、日用百货供应乡村市场”(《孟莲村志》)。水路贸易的兴盛自然而然催生了大量的船户出现，他们大多以船为家，是职业的船家，或穿梭八尺江上，往来运送货资，又或在八尺江畔一个个大大小小的码头上撑篙摆渡，济人渡物。早在清乾隆五十八年（1793）那莲戏台《鼎建戏台碑记》中，就已经出现了名为曾元的“船户”捐资记载，嘉庆二十五年（1820）《重建头门碑记》中，捐资重修北帝庙的船户也增加到了五人，这些都从侧面反映出了当时八尺江上水路运输和交通的发展。

今天，当我们漫步在八尺江畔，已经再难见到那些穿梭往来的船只，也见不到码头、船只上船夫们繁忙的身影，甚至于八尺江畔也已难得再见到那些曾经繁华一时的码头、渡口。普济义渡，是八尺江畔现存的一处重要的清代渡口遗址，虽然现在的渡口处已是荒草萋萋，唯有这一方《普济义渡》碑仍竖立八尺江畔，默默地向我们述说着八尺江上曾经舟楫往来的繁华。

（黎文宗）

## 蒲庙水运交通的历史见证
### ——清代《重修东兴马头碑志》

蒲庙，位于邕江与八尺江交汇处的邕江南岸，最初只是一片荒山野岭，有一条小溪由东南向西北而流并注入邕江，河口处还长着一株巨大的榕树，当地人乃称其地为“蛮瘴麓”。明清时期，沿八尺江流域的蒲庙、那莲一带就因盛产蔗糖、土布而闻名，其中蔗糖曾一度作为贡品进贡朝廷，有“贡尖白糖”之称，而土布则有“千好万好，不如那莲土布好”的说法，因此，当时常有大量商贾前来那莲等地收购白糖、土布等土特产。但由于八尺江水浅，难以通行大船，往来蒲庙和那莲一带收购蔗糖和土布等土特产的商贩们便常将大船停泊于蛮瘴麓一带，转而利用小船往来八尺江转运货资。渐渐地，蛮瘴麓的大榕树下便有人设摊卖粥，而后摊贩增多，渐成集市，最终于清雍正九年（1731）形成了蒲庙圩场。蒲庙圩并不大，最早的街市大多集中在银枕岭临邕江一侧狭长地带上，地理位置优越，西临八尺江与邕江交汇口，可沿着邕江走水路进入八尺江流域，再沿八尺江而上到达那莲等地，也有陆路自南延至新江，连通新江河，是当时周边除南宁城外最大的一处圩场之一，“初时蒲庙圩市仅有银枕岭脚下的20余间店铺，后逐渐扩大，在街道西端建‘延寿门’，东端建‘多福门’。至清末，又在‘多福门’一端，建‘裕顺门’，在邕江边建‘临江门’，街区在这3个圩闸之内”(《邕宁县志》)。发达的商贸，以及大量土布、蔗糖等土特产在这里转运，使得蒲庙短短里许的河段上，先后出现了莫村、正宁码头、东兴码头、大众码头等多个码头，码头间不过相距百十米，每日间舟楫往来，鼎盛一时。

然而，随着时代变迁，今天蒲庙的水路交通运输早已不复往昔，昔日码头林立、人货往来如织、舟楫相连的情景已然不再，众多的码头也在城市发展的过程中陆续消失在历史长河中，只留下少数条石台阶、碑刻等见证和记载着那段历史。在今天的蒲津公园北大门内一侧角落里，层叠垒堆着几块石碑，其中有一块题名为《重修东兴马头碑志》的石刻，就记载了清代蒲庙一处重要的码头——东兴码头的重修历史。这块碑刻为青石质，碑文楷书阴刻，上首题名《重修东兴马头碑志》，正文包括序言、捐资名录和支费情况三部分，记载了东兴码头的由来及重修的历史。碑文正文为：

穷思济人利物之事，创而立者，固不能少，监而成者，尤不可无。故莫为之先，虽言善勿显，莫为之后，虽美勿传，诚哉是言也。今我蒲庙圩，山环水聚，昔人开圩，此地凡山麓崎岖，修成正路，河干峻险，改砌马头。尔时除弊兴利，堪歌乐土，宁独美其地灵人康物阜、老安少怀、士步云程、商宏利路也。□四方莫不闻风景仰，皆愿出其途、居其市，庶几遗迹常新耶。孰意年深月久，东兴马头渐致崩颓，桥石又倾，居令□□□□睹之，乌容已乎？爰商之父老，佥曰□□□□□皆曰然，一旦踊跃捐资襄成此举，不觉重修马头兴桥者之众焉，由是择□□工，数月落成，功何易欤，抑亦造福之般般也。嗣后，道岸常登允协，考□之吉，乘舆莫用，永无病涉之虞。夫亦赖裁度得宜，光前之规模益备，高低有法，□后之惠泽弥长，诗咏不愆，不忘率由旧章者，令人颂为持赠也，猗欤盛哉，惟勒石用垂不朽云尔！

据碑文载，“蒲庙圩，山环水聚”，颇具风水，先人在此开圩场时，将崎岖的山麓平整为大路，又将峻险的河岸，改砌为码头，“尔时除弊兴利，堪歌乐土，宁独羡其地灵人康物阜，老安少怀，士步云程，商宏利路也”。于是“四方莫不闻风景仰，皆愿出其途、居其市”，圩市日兴。然而随着年深日久，东兴码头渐致崩颓，桥石也倾覆了，于是父老踊跃捐资，花费了数月时间重修了东兴码头。

东兴码头，位于邕宁区蒲庙镇蒲津社区和平三里3号民居旁的邕江南岸，始建于清代。码头由2级平台共58级石阶组成，全长27米，宽2.35米。在临街上端一级平台处，原建有一座砖石结构的门楼建筑，高5米，宽4.2米，中间设通行的闸门，高2.8米，宽1.8米，门上下两端均留有一排圆形门洞，原作为穿设木闸之用，每当码头开、关门之时便用木闸封锁此门，起到防卫和管理的作用。门内外枋额上题有“临江门”三字。临江门，是为便于

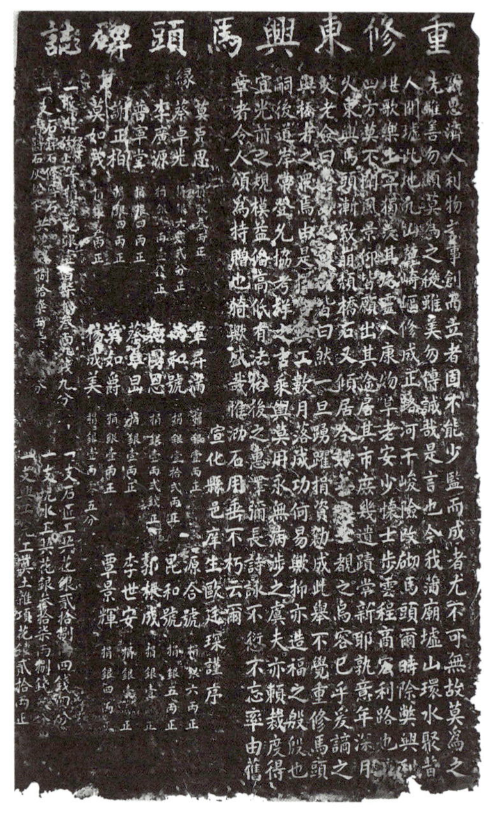

重修东兴马头碑志

管理东兴码头而设置的闸门，清末始建，近年已拆毁不存。《重修东兴马头碑志》碑原本便是嵌在临江门一侧墙体上，在临江门被拆除时才被迁移至蒲津公园正门内的东侧角落里暂存。这方由宣化县（即今南宁市）邑庠生欧廷琛书撰的碑文没有年款，我们很难确定它所记载的重修东兴码头事是发生在何时，但蒲庙“于雍正辛亥年造成蒲庙，设立开圩福主”，（清乾隆四十五年［1780］《重修福德祠碑记》）欧廷琛前又署“宣化县邑庠生”，应为科举废除（1905）之前，且碑文后附的捐资中大量使用的是“银”为计量单位，推测此碑的年代当在1840年至1905年间。同时，《重修东兴马头碑志》后附的捐资名录中，包括有普宁堂、成和号、昆和号、源合号等4家店铺商号，其中的成和号、源合号店铺名，也出现在现存于邕宁五圣宫内清道光二十年（1840）《重建五圣宫碑记》捐资名录中，是则两碑的年代当接近，或在道光二十至三十年间（1840—1850）。

《重修东兴马头碑志》见证了清代蒲庙经济和水运交通的发展。蒲庙位于八尺江与邕江的交汇口，水路交通便利，上即可溯邕江至南宁城，或逆八尺江至那莲、新江，下可顺邕江至郁江、西江，远达梧州、广州等地。得益于此，自雍正九年（1731）开圩以来，蒲庙一直商贾云集，百业兴盛，是八尺江流域最大的一处集市。蒲庙圩市的兴起得益于邕（州）钦（州）古盐道的兴盛和当地土特产的声名鹊起。清代，“运盐队从钦州、北海购得海盐后途经小董、长滩、新棠、百济、新圩到两广边界莲江，就是今天的八尺江，进那莲盐业边关税务所办理过关手续后……盐巴走水路可入八尺江，到蒲庙入邕江后各奔东西”，这就是邕钦间的古商贸和海盐贸易通道。蒲庙作为古道上一个重要埠口，赖此而兴。此外，清代以来，蒲庙及其周边的那莲等地便盛产蔗糖、布匹，甚至一度成为代缴赋税的贡品，大量官民商船往来蒲庙运销这些农副产品，也为蒲庙的兴起创造了条件。清代蒲庙“此圩商务颇繁盛，码头下均有货船小艇湾泊”（民国《邕宁县志》），东兴码头的出现就是这一时期蒲庙商务繁盛的重要表现。事实上，据民国《邕宁县志》载，蒲庙在清代有两处码头，一在多福门外（即大众码头，建于清嘉庆年间，“长三丈余，阔一丈，石阶五十余级”，现码头处仍留有民国时期卢耀寰题“大众码头”四字），一在正宁坊街下（即正宁码头），两者相距极近，与东兴码头也相距不远。这几个码头均是当时蒲庙圩内最重要的几处码头，且一直延续至1949年之后仍在使用，是当时水运交通事业发展的历史见证。

当时蒲庙的经济发展状况，我们还可以从现存于邕宁五圣宫内的几块捐资碑中窥见一斑。五圣宫，位于邕宁区蒲庙镇蒲津路63号，正处于银枕峰东面山脚下，是一座坐南向北、占地面积约483平方米的庙宇建筑，广西壮族自治区重点文物保护单位，始建于清乾隆八年（1743），盖“以祀北帝、龙母、天后、伏波、三界五神而得名”。五圣宫包括天后信仰等，其实都是随着蒲庙水运交通经济发展而兴起的，是水运文化的一个重要表现。传说，蒲庙和那莲的五圣宫，都是粤商来邕行商时，为祈求水运平安而兴建的，邕宁五圣宫部分重修材料还是从广东等地沿水路运输而来。可以说，五圣宫的出现，本身就是蒲庙水运发展的一个外在表现。五圣宫曾是邕宁区文物管理所所在，其内保存有十余方由蒲庙各处迁移而来的碑刻文物，是当时蒲庙经济、文化发展的重要物证。其中，在清乾隆四十五年（1780）《重修福德祠碑记》中，参与捐资重修福德祠的商铺仅仅还只有7家，但是到乾隆五十九年（1794）《重修五圣宫庙宇碑记》中，参与捐修的商铺一下就增至29家之多，其中除22家商铺为蒲庙本地商号外，还有7家商铺是南宁城内的商号，捐资者中除蒲庙本地商民，还有来自广东南海、顺德以及湖南、湖北，和附近南宁、那莲等地的商民。这表明，在乾隆末年，蒲庙的商业已取得了相当大的发展，商业规模已经非常繁盛，与广东、南宁、那莲的商业往来也非常密切，这和蒲庙与三地的水路交通联系甚为密切是一致的，也是当时水运交通发展的一个侧面反映。到了道光年间，蒲庙的商业更是朝着行业化发展，已经形成了几个大的商行。在道光二十年（1840）《重建五圣宫碑记》中，我们可以看到复捐的商号已经细分为了布匹行、白糖行、油榨行、谷米行这四大行类，表明当时蒲庙商业的行业分类已具雏形。当然，从这四个行类判断，蒲庙的商业也还处在一个粗加工阶段，大多仍是利用其传统的农产品进行粗略加工后便转销他处，如布匹和蔗糖都是蒲庙、那莲一带最著名的农副产品。民国时期，蒲庙的经济状况取得了进一步的发展，有户数593户，每三日一圩，每集日多达四五千人，交易物品有油、糖、家畜等，尤以蔗糖为大宗，水陆路繁盛，水路滨近大河轮船密集，陆路则有邕永公路通行。民国时期，蒲庙圩内建有裕顺、朝阳、镇宁、远宁、多福、山背等多条繁华的街道，1921年时，圩内始建砖柱瓦顶的圩亭，当时蒲庙共有3栋圩亭，在邕宁县各圩市中处于前列。到1937年时，卢耀寰组织人手重整了蒲津圩市街道，使之面貌一新，成为了周边地区仅次于南宁城的一大圩场。

（黎文宗）

## 贵港城市交通变迁的缩影

### ——民国二十二年《重修大南门河边码头碑志》

此碑现存贵港市港北区大南门外。碑文由200余字的序与200多个题名构成，题名中有贵县（今贵港市）县政府、民团司令部、参议会、建设局、地方财务局、县党部、第一区民团局等政府部门，也有贵县商会、光华公司、陈启荫堂、耀西公司、大量商号等商会、公司、商号，以及一些发起人与众多乐善好施之人。此碑可谓是民国时期贵县政界、商界、地方人士合力建设大南门河边码头的重要见证，也是古代至民国时期贵县城市交通变迁的缩影，具有颇为珍贵的史料价值，值得深入解读。

这需要从贵港古城址与大南门历史说起。自秦汉以来，今贵港城区一带的政区历史变迁频繁，一说秦朝桂林郡、汉郁林郡郡治就在今贵港城区一带，广西壮族自治区级文保单位——桂林郡治遗址就在今大南门西边。历史文献对贵港城址历史也有一些记载，如明嘉靖《广西通志》卷三十二《兵防六·城池》记载："贵县，旧无城，唐元和间，刺史谢鹏因容管经略使杨文讨贼驻此，乃借兵夫发古冢砖以筑城。宋绍熙间，权郡谭景先修之；元至正

重修大南门河边码头碑志

间，城池颓圮，峒贼出掠，十二年，吏目侯元采以己财佣军民修筑。”也有文献称唐以前贵港城垣在郁江南岸，唐代元和年间才迁到郁江北岸，光绪《贵县志》称城址“初建于郁江之南，继乃迁于北”。贵港城墙材料还经历了从夯土到石头再到砖墙的过程，光绪《贵县志》卷一《纪地》“城池”指出“唐元和间始筑者，土城也；宋绍熙间修，仍为土城；至元至正十二年始易以石，尚无陶冶；及明万历癸未增高，乃有砖墙”，不过万历《广西通志》卷八《城池》已记载洪武二十九年（1396）千户宋斌用砖石圜砌贵县城墙，说明明初贵县已使用砖石砌墙，如今贵港大南门城墙上还保留了一些刻有“光绪七年重修”的砖块。

贵港城垣几经兵燹或火灾破坏，城门数量也一直有所变动。据元代至正年间邹鲁《修筑贵州城记》一文，侯元采将土城改为石砌、修建了五座战楼，很可能此时已建有五座城门，即东北、西北二隅东西二门，东南朝阳门、西南江月门，以及南门，南门之外又有东、西二石门。元末时期，贵州各座城门多为防御功能而设计，入明后贵州降为贵县，城垣也得到多次修缮。先是洪武二十五年（1392）“因旧城狭隘，西展数十余丈”；成化五年（1469），知县石瓒重修城垣，阔七百四十六丈，高一丈六尺，盖串楼七百间、门楼五座；嘉靖八年（1529）新南门发生火灾，九年（1530），指挥使鲍礼重建新南门；万历三十一年（1603）知县谷大德捐修城墙，增高三尺。清康熙五十九年（1720）因郁江大水，贵县城垣崩坏，“自东门至西门颓塌无算，知县林兆惠捐修三十余丈”，但此后贵港城垣并未得到及时修缮，“自是城垣递年崩塌不复修，迨咸丰间遭乱十余年，四面基址尽平，仅存城门旧迹”。光绪六年（1880）署任知县何昭然倡议重修，共历经六位知县接力修缮，至光绪十八年（1892），知县徐炳文修复了西北方城墙六十余丈才重新全部合拢，“又置东、西、南、北、小南门、栅门五，派丁役司启闭”，从而恢复了有完整的城墙、城门、瓮门的城防体系，再度形成一座全封闭的临江传统城池。

今贵港大南门应是光绪七年（1881）知县李宗庚修缮的结果，贵县衙署与高耸的大南门城楼正相对，县前街这一带应是贵港老城内地势最高的区域。大南门紧临郁江，在民国以前，大南门是往来交通孔道，发挥着重要的水路客运作用。明代贵县怀泽驿原在县治东二里，因“非当冲路，使客往来，舟车不便驻泊”，地方官虽“屡议改营”，但因地方社会不安宁而迟迟未能实现，直至隆庆四年（1570）十月才迁到贵县南门城内，驿站发挥着传递官府文书、运输官员来往的重要功能，知县吴敬夫《重建怀泽驿记》称怀泽驿改迁后，“使客往来、舟车便于驻泊，亦可通国家血脉于上下”。明末崇祯十年（1637）八月徐霞客一行所雇的船只就停泊在南门外，可以想见，南门城内外一带人员、舟车往来之热闹场景。

明清以降，大南门外码头不仅是迎送官员的官渡口，也是地方百姓重要的过江渡口，又是城内外普通百姓的汲水码头。清康熙二年（1663），曾光国捐资创设县前义渡，大南门外的这一义渡成为郁江两岸民众过江的首选渡口。曾光国字义斋，又号山水郎，贵县郭南里人，“质直好义，耽吟咏”，光绪《贵县志》记他为义渡慷慨捐款，“捐本户粮米共十一石，租谷三百余石，以养渡子、修置渡船，济人往来，毫厘不收，行人利便。立碑县门渡前”；他还在江边礁石上题额“过渡莫争船”五个大字，如今还模糊可见。

大南门外直达河边的石级台阶，不知创自何时，由于时常遭受洪水肆虐，故河边石级多崩坏，《重修大南门河边码头碑志》称“县城南门外石级直达河边，创设久矣。年湮代远，已多崩塌”。清光绪中叶，地方曾修葺过南门直抵河干之路，每逢涨雨季节，江边泥泞淤积，年久失修，步履维艰，到民国修河边码头时，发现南门外近水一段原有石块，尚埋没泥中，却已破烂不堪，行人多有不便，附近民众来汲水者皆感困难。民国二十一年（1932）冬，街坊父老区伯春、原子昭、倪怀之、谢玉亭、盛光庭、李兰轩等15人发起倡议并分头募捐，得到贵县政商等各界组织、人士慷慨解囊，捐款银共计四百余元，扩建了南门外码头至河边的石级，方便了百姓汲水及过渡往来。

在清代民国时期，贵县因水陆交通而逐渐兴起，大量外省客商纷纷贸迁于此。《重修大南门河边码头碑志》题名中留下了众多商号、公司，据相关资料分析，可知来自水面行业的有钜昌号、诚昌号（兼代理德士古火油公司）、利聚号（兼代理船务）、逢昌（兼营杂货）、利昌（兼营杂货）、恒裕隆号、福享号、恒昌号、均信号、恒安筏等，布匹行有济昌号、义益号等，杂货行有和源号、谦泰号、和聚号等，典当行有均泰押、贵昌押、永亨押等，旅栈行有桃源酒店等，花纱行有悦兴号等，还有很多商号、会堂及个人题名，有待继续挖掘解密。

这块碑刻留下如此众多的政府部门、商号、公司、个人题名，反映了清末民初以来西江—郁江贵县等沿岸城市相继对外开埠通商，经济贸易得到迅速发展；如今，它静静地竖立在大南门城外，倾听着郁江东流的声音，铭记着贵港这座城市历史的峥嵘岁月。

（江田祥）

## 古镇码头的曲折"人生"

### ——民国二十七年《鼎建梯云水埠兼两旁大路碑记》

碑现存南宁市江南区江西镇扬美村梯云码头岸边，刻于民国二十七年（1938）。碑文由两份序文组成，第一份序文由时任南宁道尹邕宁县知事的邓沁撰写和时任贵州省温水县（在今习水县温水镇）知事的扬美人杜琨选丹书，记叙了扬美人修建梯云水埠兼两旁大路的始末，碑文首先描述了扬美一带的地理环境，强调了扬美沿江水陆交通的重要性，接着对修建梯云水埠的经过和修成后的变化进行了记载，最后对参与修建的首事进行了刊例和称赞。第二份序文由前清中翰梁运德作记，前清附生梁应蓉丹书，记录了扬美人梁运德曾在民国四年（1915）就主张修建梯云水埠的往事，突出修建梯云水埠的必要性和紧迫性，但因当时政局不稳，未得付诸实际行动。到民国二十七年（1938）时机成熟，梁运德再次倡首动工兴建，最终完成了梯云水埠的建设。

扬美村三面环水、圩市繁盛，为附近各乡之通津，拥有众多码头津渡，自扬美顺江东下至南宁，水路半日可到；自南宁西向逆水上扬美，则需一日有余。时山多路险、较难通行，水路则便捷易行，因此，走江行船成为当时人们日常出行的首选，各类客

鼎建梯云水埠兼两旁大路碑记

船、货船多愿意在此停泊，扬美因此成为远近闻名的商品集散地、交易地和中转地，并形成独具特色的码头文化。扬美共有8处码头，自上游而下，分为新街埠、古商埠、细湾埠、大埠、那晚埠、梯云埠、杜屋埠、龙船埠。这些码头水埠各有特点，如大埠常供挑水、洗衣、洗菜，后转商用；菜牛、耕牛则多从龙船埠上岸，故也称为“牛埠”。古商埠为扬美现存建筑面积最大的码头，始建于清代嘉庆年间，宽3米，台阶88级，据传为乡老筹集族中公款、摊位租金、庙堂募捐所得，托人前往太平府（今崇左市）买石所筑。梯云埠建设时间较晚，但规模不小，共有石阶110余级，长百丈，广二轨，冬春水涸，距水面十余丈。

扬美古镇之“古”始于北宋。相传北宋皇祐年间，狄青率军南下，留戍官兵解甲归田后落户左江岸边，渐成村落。村庄最初是由罗、刘、陆、李四姓人家建造，因当时这里荆棘丛生、白花满地，故名“白花村”。后人见这里风景秀丽、清溪扬波，又改名为“扬溪村”。再后来为彰显祖宗功德，又将“扬溪”改为“扬美”。明崇祯十年（1637），徐霞客乘船溯郁江而上南宁，在其《徐霞客游记·粤西游日记三》中曾记载：“又三里，为杨美，亦名大湾，盖江流之曲，南自杨美，北至宋村，为两大转云。”如今的扬美古镇完整保存有明清古建筑两百多处，具有独特的建筑遗存和悠久的历史文化。2012年，扬美村被列入第一批中国传统村落名录。

此外，碑文中提到了扬美人梁烈亚，记载了其任职邕宁县知事时，奉令通饬恢复自治会的事迹。梁烈亚1907年随父梁植堂参加镇南关起义，同年，在孙中山的亲自监誓下加入同盟会。同年秋考入南宁府中学堂，辛亥革命后任湘桂北伐联军参议、上海《中华日报》记者、南京讨袁军总司令部参议，《申报》《时报》《中升日报》《大公报》等报社记者，1919年任广州护法军政府大元帅孙中山的机要员。1920年3月，广西籍人士在上海成立“改造广西同志会”，旨在推翻陆荣廷在广西的统治，梁烈亚等14人被推为干事，返回广西发动民军和会党武装起义。1921年8月，梁烈亚任广西省参议兼邕宁县知事，成为扬美人的骄傲，其故居是孙中山领导的镇南关起义筹备会议会址之一，解放后被保存下来，2017年被列为自治区级文物保护单位。

（刘方进）

## 漓江畔的古渡韵味
### ——民国《新建留公义渡碑记》

碑在桂林市阳朔县普益乡留公村漓江岸边，民国年间刻立。碑文首先阐明了交通对于一地乃至一国的重要性，然后引出留公河渡口的历史，之前有私渡摆渡，乘渡船过河需要收取钱文，然私渡渡夫随意更改价钱，且经常在河水暴涨时抬高渡价，十分不便于乡民和过往行旅乘渡过河。为此，黎绍祧倡首，带领众人捐资设立义渡，置义渡田维持义渡运营，行旅可免费乘渡，渡夫不得收取渡费。本次捐资不仅有留公村黎、莫、陈、李、黄等众姓参与捐资，而且得到了安益号、张福记、泰安押、双利店、天兄堂、福生堂等商铺和堂会的捐资，其中黎绍祧捐资最多，达到银元139元，对此次倡建义渡起到了关键作用。留公码头布局颇有层次感，位于码头中间的是青石排列铺成的观景台，观景台两侧向下至漓江边为青石阶梯。在以水路远行为主的年代，留公渡口乃为梧州、平乐至阳朔一线的重要交通节点之一，若非渡口较为繁忙，便不会设立义渡，亦不会有众多商铺参与捐资。如今，古渡已成为旅游码头，每天游人不断。站在渡口远眺，漓江的风景

新建留公义渡碑记（1）

新建留公義渡碑記

竊維國家築鐵路製輪舟黄河則架橋以行車信陽阻鑿嶺以通軌凡諸興作皆以為交通便利計也況乎留公河盈盈一衣帶水耳而令往來行人致歎艱阻是亦為地方交通計並不為地方自治計悉乎可或謂是河向有民船過客自能買渡何用鰓鰓過慮為不知昔日渡船率多朽敗過渡者恆有危心又每渡一次輒索錢數文春夏河水暴漲有索至數十百文而不以時渡者其不便於地方之交通也孰甚且該河右通馬嶺荔浦左通沙子恭城假令長此終古其不便於遠人之交通也又孰甚黎君紹桃有見於此爰集同志協力捐資設一義渡復置田畝為常年經費凡有過客隨時濟渡毋許索取分文其於交通之計自治之義不兩合歟然則是役也謂為地方交通之嚆矢也可謂為地方自治之權輿焉亦無不可因是誌其緣起貞諸珉石俾世之君子有所觀感而益用推廣焉幸甚

己酉拔貢補用兩廣鹽經歷章大用撰

今將樂捐首事及各芳名列后

首事
結亮黎紹桃捐銀壹百叁拾玖元
黎紹書捐銀肆拾元
莫占鰲捐銀拾元
夏春暉捐銀拾元
陳德盛捐銀拾元
李鵬章捐銀拾元
夏從賜捐銀拾肆元
黎廷珍捐銀捌元
彭樂美捐銀捨元
黃德寬捐銀拾元
黃萬德堂捐銀拾元

首事
莫震祥捐銀伍元
黃明諒捐銀貳元
謝登雲捐銀拾元
黃德琮捐銀拾元
黃德慧捐銀貳元
黃德仁捐銀肆元
章壽松捐銀肆元
黎紹榜捐銀肆元
陸炳政捐銀貳元
黎顯章捐銀叁元

李懋德堂　蘇積益　黎國興　夏啟璠　上四名各捐銀拾元
蘇宜之　倪家讓　泰安押　劉德裕　上四名各捐銀伍元

安益號　蘇鴻年　莫聞春　莫正德　蘇鳳恩　利勝昌　張福記　莫紹杰　上捌名各捐銀叁元

蘇友仁　秦鴻慶　潘天登　莫嗣康　雙利棧　夏春熙　黎成魁　李元清　陸紹良　上九名各捐銀弍元

榮華昌　莫執一　蘇成聚　莫逢功　莫就祥　莫蔚森　李財利　毛瑞昌　天元堂　福生堂　上拾名各捐銀壹元

新建留公义渡碑记（2）

尽收眼底，苍翠挺拔的山峰，碧波荡漾的流水，偶尔贴近江面掠过的白鹭，充满漓江特有的灵气，所谓钟灵毓秀如所见之般。

留公村是漓江从阳朔县城向南进入普益乡流经的第一个村庄，水路距阳朔12千米，距普益8千米，村庄依山临水，风景秀丽，环境优美，2013年被列入第二批中国传统村落名录。村中有三个深潭，潭水分别为清澈、略浑、浑浊三种不同的颜色，被称为“三色潭”。据传，留公村建于清代初年，村名和三色潭源自一个古老的传说，以前村里有一个财主，他对家中的长工、丫鬟非常刻薄，每天都要丫鬟去漓江挑清澈的江水回来，而水桶为特制的桶大底尖形水桶，中途不能放下休息，累得丫鬟上气不接下气。有一年，一个仙人路过此地，却遭财主白眼，加上看见惨遭虐待的丫鬟骨瘦体弱，仙人十分愤怒，便设法惩罚财主。仙人知道财主的房子是由一条活龙托住，便叫丫鬟把正屋两根龙角折断，房屋因此倒塌，陷成两个深潭，财主掉进了深潭之中。财主的女儿回娘家见此情景，嚎啕大哭，所站之处也随即陷下，另成一潭，并从深潭中飞出一鸟。财主的女婿随后来找妻子，刚走进村子，这鸟就叫：“打马转回头，留公不留婆。”后人就把这村子叫做“留公”村，潭水清澈的水潭是财主的正屋、略浑的是厨房、浑浊的是马厩，此传说给“三色潭”罩了一层神秘的色彩。

留公码头曾经商贾云集，如今繁华不再。留公村内保存有近百幢古建筑，多为青砖灰瓦，木梁阁楼，高大宽敞，门窗精雕细琢，屋檐雕龙画凤，均为明清时期的建筑风格。主要建筑有“四楼台”，即得月楼、应求宫、文昌阁、乐善亭，其中以得月楼最具名气。得月楼建于清康熙年间，重修于同治年间，楼高约13米，占地约40平方米，坐落在漓江河畔，取“近水楼台先得月”之意，有漓江第一古楼之称。得月楼共有三层，一层为青砖材质的拱门，拱门两侧青石凳与阁楼连为一体，是村民休闲聚会聊天场所。二层为旧时看戏的戏台，正面为木质雕刻而成的落地花窗，其余均由青石砖堆砌而成，右侧是拱形木质外镂阳台。三层为亭楼，四面为镂空木质花窗构成，雕有四条栩栩如生的游龙，屹立于四方挑檐之上，与正中央宝珠呼应，此楼为留公村标志性建筑。

留公村民风古朴，学风炽盛，地灵人杰，出过许多秀才、举人。如黎绍簪，清朝举人，是个有志气、有追求的士人，曾出任过修仁县知县，获得“文魁”之后每日练武，欲获文武“双魁”，他当时练武用的石锁仍然存放在其故居内，石锁共一对，约40千克重，现仅存一只。遗憾的是，黎绍簪只当了三年知县便病死任上。另有两广参议黎绍祧，即义渡的倡首者，他力主创办了阳朔第一所私立中学——绍祧中学，校址设在木山，后与阳朔中学合并，是现在阳朔中学的前身。留公村已经列入中国传统村落名录，修缮后的古民居焕发了新的面貌，在漓江之畔、青山脚下，一条条光洁的石板路，串联起一户户古香古色的民居，让人似乎有种时光倒流的感觉，穿越回到那个一袭长袍、一把纸扇，吟诵山之青、水之秀、村之雅的年代。

（刘方进）

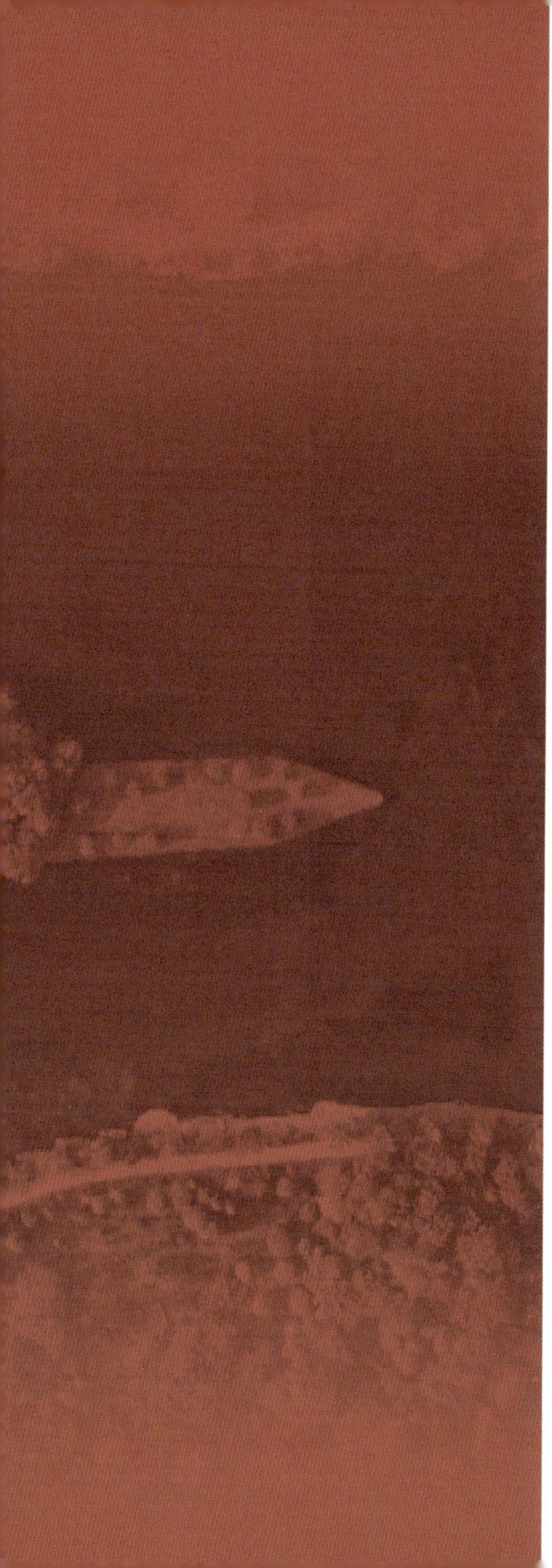

# 河道整治

## 石子山河辟通途

## ——明万历十六年《两粤通衢》

该摩崖石刻位于桂林市平乐县大发瑶族乡桂江鼓锣峡石壁上，刻于明神宗万历十六年（1588）三月。石壁高500厘米，宽300厘米，上刻“两粤通衢”四个楷书大字，字径大者160厘米，小者120厘米。该石刻为目前平乐县境内发现最大的石刻，今基本保存完好。《平乐交通古建筑》一书有收录。

为什么会在桂江鼓锣峡石壁上摩刻此碑？它有着怎样的历史背景？

明代广西平乐府境内的漓江河段被称作“府江”，漓江是古人南下岭南的必经水路，也是两广间的重要水路。明正德二年（1507），两广总督陈金奏称：“府江北抵桂林，南连梧州，其中上下八百余里，两广舟船必由之路。”漓江河道以平乐为界，平乐以北水面相对平稳，平乐以南的河道穿流于砂页岩山地和丘陵，弯曲逶迤，谷地狭窄，河岸平原不发育，石质河床上多卵石，水急滩多。南宋《舆地纪胜》卷一百七《昭州》就如此描述道：“俗谓自静江沿漓川、合乐川以至梧云云；自昭而上，至静江不甚险恶，自昭而下至昭平及梧，多锐石，滩高而水湍激，两岸皆悬崖峭壁。”清康熙四十八年（1709）至五十年（1711）任桂林府同知的萧义宗发明了“石子山河”一词，来形容明清时期桂林以南尤其是平乐府至梧州府境内的“府江”河道特点，可谓非常传神。

但在明朝前中期，平乐府府江两岸曾爆发了多次动乱，官府也曾多次出兵征讨，府江一线常被视为“畏途”。之所以畏惧，不仅是因为府江河道艰险，更在于府江两岸常有劫掠之事。明代官员、文人对府江情形就有不少描述，明正德初年广西全州人蒋冕在《府江三城记》一文称：“自桂之梧，未有不经府江者，其江之流，洄洑湍激，乱石横波，两岸之山，皆壁立如削，而林箐幽阻，为瑶人所居，据险伺隙，以事剽劫，官舟商舶，往来为所患苦，盖非一日。”嘉靖十七年（1538）来任广西布政使司左参议的田汝成，在《炎徼纪闻》一书中记录了一首民谚：“盎有一斗米，莫溯藤峡水；囊有一陌钱，莫上府江船。”隆庆末、万历前期先后两任广西巡抚、后任两广总督的郭应聘称：“府江，盖百粤之孔道也，诸瑶占据为梗，吏民、商旅视为畏途”。

明朝官府曾多次出兵征剿府江两岸，最终在万历元年（1573）平定了府江之乱，广西地方官府才陆续在万历初年、万历十三年（1585）至十四年（1586）、万历二十一年（1593）至二十二年（1594）、万历三十六年（1608）至三十九年（1611）疏浚府江河道，工程修缮内容为开辟陆路、疏浚河道和修建交通设施等。不少官员反思府江动乱不已的原因即在于该地山河艰险，广西巡抚郭应聘在万历初年就提出六条府江善后策疏，其三曰开通水陆；万历

● 两粤通衢

十四年（1586），广西布政司官员管大勋认为“府江几用兵矣，而旋蠢动，患在巇崄弗铲、郁垲不通”，府江“顾害在蛮寇，在榛莽，在阻深”。因此他们数次疏浚府江河道、伐木开山，不仅是简单的水上交通事务，更是重要的地方政治事务，目的是消除府江动乱的自然环境基础。

“两粤通衢”摩崖的历史背景，是源于万历十三年（1585）至十四年（1586）府江疏浚事宜。在万历十三年（1585）正月两广总督吴文华和广西巡抚吴善平定府江两岸变乱后，地方官府就着重疏浚府江河道事务，管大勋曾撰文《府江开路记》记录此事。命广西按察副使、府江兵备道官韩绍总董其事，以平乐知县黎来王负责开路事宜，命单骑往视险易，验里道，指出“孰山宜刊？孰江宜疏？孰石宜凿、崖宜焚？孰涧宜舟、宜梁？孰地宜馆、宜亭？孰冲达何处？孰村出何所？孰堡接何壤？”彻底调查了府江河滩与两岸沿线道路、设施情况，又派遣卫所军士开凿，召千户刘栻、把总李芳，命二者“遵尔界，驱尔兵，投尔工，毋怠而成”。

同时又招募外地（很可能来自广东）商人谢诚、郭邦实、张瑞等人砍伐木材，这些商人非常卖力，“依麓凭冲，裹糇粮，集夫力，纵砍伐，输己材而铲榛莽，心惟口裁，宵规昼画，命日授事，分地量工，给饷制器，选能课绩，劳勤策隋，靡遗智焉。税商木以折工直，高铲崇巅，深芟穷谷，顿令重山如童，诸路若坦，百年蒙丛魍魉之区，倏尔四达，视内地云”。

此次疏浚工程始于万历十三年（1585）五月，至万历十四年（1586）三月竣工。管大勋感慨道：“烟嶂廓清，新堤迂衍，轮蹄络绎，负担载途，舳舻蔽江，村舍相望，别一境界矣！”

为纪念此次巨大工程，广西按察副使、府江兵备道官韩绍等人在府江沿线至少题刻了“两粤通衢”“百蛮遵道”等摩崖，“两粤通衢”刻在平乐县鼓锣峡石壁上；“百蛮遵道”刻在昭平县松林峡石壁上，每字宽120厘米，高110厘米；这些石刻字体硕大，使往来于府江的船只行人清晰可见；其目的当不仅仅是彰显疏浚府江河道、成为两粤通衢的意义，更在于警示府江两岸的民众。客观上，也随着万历初年以后湘江—灵渠—漓江一线的交通畅通，吸引了不少广东、湖南、江西等地的商人陆续进入桂江流域，积极推动着广西山区的开发、多民族交往交流交融。

（江田祥）

# 万古流芳利永赖
## ——清康熙五十四年《灵渠凿石开滩记》

康熙五十四年（1715）刻，现存桂林兴安县灵渠四贤祠内，碑高242厘米，宽75厘米，厚31厘米，碑额“万古流芳”四字字径12厘米，正文字径3厘米。碑文收录在《灵渠文献粹编》《灵渠石刻》等图书中。

清代是桂江航运的高峰时期，在康熙皇帝平定三藩之乱后，粤盐、滇铜、湘米等大宗货物与日常商品的运输，都仰赖西江水路，灵渠航运的功能愈发重要。康熙二十五年（1686），广西巡抚范承勋称：“岭右，穷陋之邦，米薪而外，止仰给于外郡，灵渠一线，民之命脉系焉。”（《重修兴安灵渠碑记》）康熙五十四年（1715），广西巡抚陈元龙也称：“夫陡河虽小，实三楚、两广之咽喉。行师馈粮，以及商贾百货之流通，唯此一水是赖。”（《重建灵渠石堤陡门碑记》）

但在清前期，灵渠航运至少存在三大问题：其一，灵渠工程因水患不能及时维护，堤防、陡门等多有溃坏；其二，水源不足，冬季水涸时“舟不得通”；其三，湘江—灵渠河段“滩河多恶石，每损行舟”，成为南北往来舟楫之大患。

在康熙五十四年（1715）前，广西至少有康熙二十四年（1685）、康熙三十六年（1697）两次疏浚灵渠的工程。康熙二十四年（1685）夏，广西巡抚范承勋经过兴安时发现灵渠“陡石圮坏”，是年冬季灵渠“水源告竭，舟不得通”，于是他捐俸倡修并加固了灵渠堤防若干处，“相度其宜修筑者凡若干处，于是乘岁之余，庀材鸠工，畚筑砻甃，并力营作，不两月而告成”，虽然此次修筑时间不到两个月，实际效果是“行旅以通，商贾辐辏，粤以利赖”。

康熙三十六年（1697）冬，两广总督石琳、广西巡抚王起元等人捐俸、倡率九府各属修浚灵渠，兼顾航运与灌溉，“泄者蓄，溃者完，金石灰木线粟不扰民间，事得以济。从兹舟楫之往

灵渠凿石开滩记

来、田畴之灌溉，公私咸得裨益，利垂永久”(《重修龙王庙伏波祠碑记》)，并重建了龙王庙。

康熙五十年（1711），陈元龙任广西巡抚，字广陵、清辅，号乾斋，浙江海宁人，至康熙五十七年（1718）升任工部尚书离桂，在桂时间长达七年。康熙五十三年（1714）三月，广西巡抚陈元龙等人至全州湘山寺祝万寿，后经灵渠回到省城桂林，发现灵渠倾圮不堪，“见所谓天平石、飞来石诸险工，倾决殆尽。旧设三十六陡，存其迹者仅十四陡，余皆荡然”，认为如今若不及时大加修筑，可能会导致“断楚粤之舟楫，而淹通邑之田庐矣”。因此先派了几个官员前去查勘灵渠工程破败状况、估算灵渠修缮费用，然工费浩大，陈元龙奏请拨发官帑并主动捐俸一载，朝廷同意后，陈元龙派遣桂林府同知黄之孝督修灵渠修缮工程。

此次重修灵渠之举，肇始于康熙五十三年（1714）冬初，竣工于康熙五十四年（1715）中冬，此次工程“既浚其陡，复疏其河”，不仅全面整治了灵渠工程，还疏浚了全州至灵渠的河道。大小南北天平石使用了龟背形巨石，天平坝上使用鱼鳞石，工程较为牢固；重新修缮了灵渠沿线各处堤岸以及陡门，以前的灵渠堤岸多以丛石垒成，不堪洪水冲毁，如今掘地七八尺深，并用大木排桩，“上以大石合缝砌之，灌以灰浆”，故堤防更为坚固；还修整了14处陡门，恢复了8处已废坏的陡门，如此共有22处陡门。

湘江上游全州至灵渠的河道中有不少礁石，时常损坏往来船只，“全州、兴安、灵川至桂林，滩河多恶石，每损行舟”，陈元龙令桂林府同知黄之孝与兴安知县任天宿凿河道礁石、去除滩险，他们巡阅湘江上游全州至灵渠河道，自兴安县北乡河口以至灵川之脚盆滩而止，共有19处滩石。凿去了这19处滩石，除去了湘桂航运的隐患，“将见昔之巉岩为舟子患者，悉皆平坦而无虞”。在民国年间，1928年，技士罗汉馨《调查湘桂交通水道报告书》一文论述了湘漓二江水道形势，也提及了湘江上游河道滩石情形。

康熙五十三年（1714）至五十四年（1715），广西巡抚陈元龙等人重修灵渠堤防，疏浚湘江、灵渠河道，工程颇为浩大，可能是清代灵渠修缮规模最大、时间最长的一次，取得了显著成效，也是陈元龙后来引以为豪的重要政绩。陈元龙官至礼部尚书，后乞休致仕，大约雍正九年（1731）至十年（1732）间，长芦商人查日乾带儿子查礼拜见陈元龙时，陈元龙跟他们谈及广西特有的风土人情与为政广西的一些政绩，“教养蛮氓、保障疆圉，设讲读之堂，立茕孤之院，及经营灵渠之事”，不料二十年后，查礼也来到广西任官，他以庆远府同知负责查勘、督修灵渠之事，成就了另外一段修渠佳话。

（江田祥）

## 辟滩险铸交融

### ——清乾隆三年溶江河道摩崖石刻

此处去平矶头巨石并下川门滩俱已修过。

乾隆三年仲冬月记。

此摩崖在清柳州府怀远县，今三江侗族自治县富禄苗族乡塘华河口岸边石壁上，高111厘米，宽89厘米，楷书，保存完好，《侗族地区碑刻·三江卷》一书收录了其拓片。

这一摩崖石刻在溶江，今柳江上游都柳江河畔，都柳江发源于贵州独山县百泉镇里腊村，它向东流经贵州的三都水族自治县、榕江县、从江县，进入广西的三江侗族自治县。这一石刻应该是乾隆三年（1738）八月贵州总督张广泗奏请整治都柳江航道后留下的实物。

贵州总督张广泗指出自贵州独山州经古州，可抵达广西的怀远县（今三江侗族自治县），然后顺江可直达广东，修治航道、开凿沿江纤路，以便商业运输。

至乾隆三年（1738）十一月时，都柳江航道疏浚工程已陆续完成，此石刻记载了削平矶头巨石与下川门滩工程。

至少在明朝时期，今三江县境内的寻江、都柳江一直是湘黔桂交界地区木材、食盐、山货等物品的重要水路运输航道，地方官府开征木植盐货等税目，但在很长时间内，江道为本地人群所占据，导致水路航运堵塞。至明万历初年，两广官府平定了怀远地方动乱后，广西巡抚郭应聘制定了四条善后事宜：一曰移设县治，二曰联东民瑶，三曰选立社师，四曰慎固防守。万历十七年（1589），怀远知县苏朝阳积极采取招主垦荒、“释仇开江”等政策，将怀远县城移治旧县南边的丹洲。广西按察副使、右江兵备道官员龚一清也提出了善后六议：久任贤能、分立土舍、量定编则、酌定江税、通达道路、拨定兵哨（乾隆《柳州府志》卷31《艺文志》），第四条为“酌定江税，以通商贾”，他指出怀远县内“江滩险阻，舟楫至容江而止，非从轻抽取，难乎商贾之来集也”，怀远县每年税银即以一百二十余两为准，“所税物件，照旧抽过细数，不得加增”，吸引外来商人，希冀商贾云集。

关于都柳江航行状况，民国《三江县志》卷一《山川下》记载了三江县境内的航行情形，“自入境之石碑村至老堡，水程约百五十里，常通船，载重可二三千斤，春夏可五千斤，水涨时期，在旧历五六月间，洪水最高涨达三丈五六尺，甚猛急，易涨亦易退，冬季水涸，至浅处，水仅尺余”。航行在都柳江，沿线会经过不少江滩。

都柳江河道一些江滩甚为险恶，时有覆溺，其“江滩险阻”的情形，民国《三江县志》与1939年发表的《都柳江水道查勘报告》有较详细的记载。如民国《三江县志》卷四《水利》记载浪板滩：“此滩在良口乡之上里许，甚险恶，舟楫经过，偶一不慎，

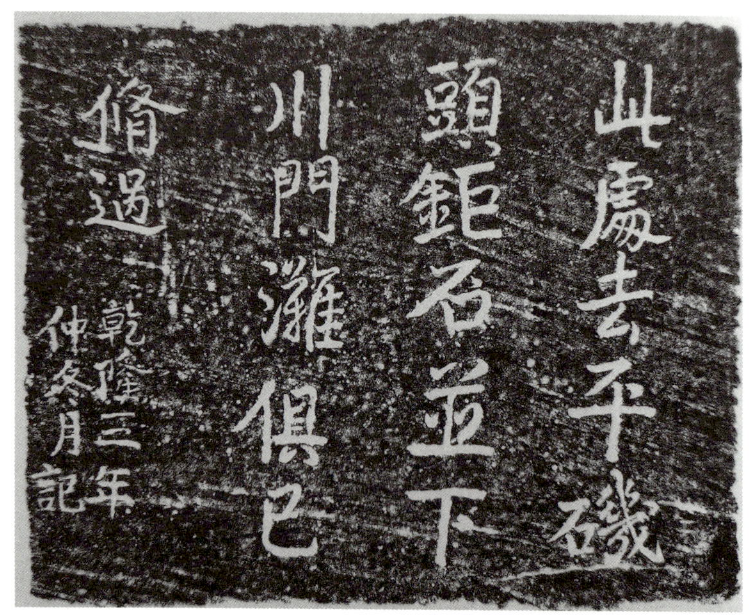


疏通溶江河道摩崖

即有波涛之戚，亦亟应修浚。”

自明万历年间右江兵备副使龚一清开通道路后，至雍正年间，鄂尔泰主持西南改土归流事宜，为连接广西与黔东南地区、保障军事后勤之需，他奏请疏浚都柳江河道，“以济军需”；乾隆三年（1738）贵州总督张广泗也奏请疏浚都柳江河道，嘉庆年间清廷又先后几次疏浚都柳江。经过明清两朝屡次治理航道，都柳江河道得以疏通，船运因此展开。据学者研究，自都柳江疏浚河道之后，这无疑加速了柳江流域上游的开发，特别是柳江流域的经贸活动，并形成了一个连通区域内外的市场，广东、广西、湖南、福建等地的商人陆续迁入，沿柳江、都柳江主河道及其支流溯江而上，聚居并发展经营，外来商人移民乃至屯民的进入，使得柳江流域上游不仅被纳入王朝的版图之中，更被卷入更大一级的市场网络和区际联系中，地方社会原有的村落联系和人际交往扩展到了更大的空间范围之中。柳江流域山区木材贸易日渐兴隆，两广木商驻境收购，每年都有大批杉木沿都柳江、融江、柳江、黔江、浔江，运往柳州、梧州和广东地区，从而将柳江流域的苗侗人群卷入区域市场网络之中，山区的茶油、桐油、生猪等货物也纷纷外运。以食盐、木材为主，各种山货日用品为辅的商品通过水上交通流通起来，加速了山区与平原地区间的社会交往。

总而言之，晚明以来官府屡次疏浚都柳江河道，也留下了不少石刻实物，这些石刻见证了山区都柳江水路交通在清代内地边疆治理中的重要性，山区内外的各色人群民族交往由此更为密切，积极推动着湘黔桂交界地区多民族交往交流交融。

（江田祥）

# 交通夫役

# 漓江渔户的权利与船差

## ——清“顺治六年”《赵知县奉批给发黄冬进等三户印票碑》

此碑现存桂林市灵川县大圩镇毛村圣母宫内，保存尚好，字迹清晰，碑高93厘米，宽66厘米，额字行书，字径5厘米，其余真书。除“广西桂林府至赵为遵奉”等字字径2.5厘米和三姓祖传用器字径1厘米外，主文和落款字径均为3厘米。碑文收录于《灵川历代碑文集》《广西商业会馆系统碑刻资料集》等图书中。

河流是人类文明的诞生之地，中国南方地区水资源非常丰富，渔猎经济也成为南方地区民众重要的生计方式。广西境内的漓江不仅是桂林的母亲河，而且是沟通珠江水系与长江水系的重要河道。早在先秦时期，漓江两岸就生活着渔民、船工等多种水上人群。秦汉以降，随着灵渠的开凿，漓江的航运功能日益凸显，明清时期漓江上的交通运输尤其繁忙，表现为大宗米粮、木材贸易及粤盐、滇铜运输等，历代王朝曾多次派遣大员修浚灵渠，用以维护漓江河道的畅通与安全，加强对水上运输事务及水上人群的管理。

大圩镇毛村这块古碑所记载的临桂县黄、周、廖三姓渔户，黄姓生活在毛村，属临桂县东乡，毛村成为了今天桂江流域水上人群黄氏的祖居地；周姓生活在今桂林城北虞山桥下六狮洲村，廖姓据称生活在今桂林南郊柘木镇一带及漓江沿线。此碑叙述了桂林府临桂县渔户黄冬进、周道二、廖受七等获取官府印票的具体程序，承应的官府船差与享有的水面权利，以及官府水上管理机制等内容。黄、周、廖三姓渔户于顺治六年（1649）向广西按察司禀称："自前朝始祖三人，承当下河应办船行差务"，此"前朝"当指"明朝"，"下河"指桂林府城东门外的漓江以东江浮桥为界，浮桥以南流往平乐、梧州方向称作"下河"，浮桥以北往兴安、全州、湖南方向称作"上河"；经过邱、赵两任临桂知县先后查案上报广西按察使、广西巡抚，并对黄冬进、周道二、廖受七三姓渔户"取结、编号、印烙、验船"，最终批行"合给印票"；同时告知渔户各船之间须互相稽查，不得勾引匪类；而对势豪土棍、塘汛兵丁等"借端需索以及强拉送差"者，准许他们向地方官府告发。最后还标注了他们所使用的渔具："黄、周二姓祖传同用器具，以鸬鸟、竹牌为业，铅脚、大网、夜晚照火、装筒、下钓、罩网、洒网、浮网、捞、绞、铲，十一件为额。廖姓祖传器具：用船刮网、抬罾为业，铁脚、大网、装筒、下钓、罩网、洒网、浮网、铲、绞，九件为额"，用以分辨各姓渔户群体。

综合而言，黄、周、廖三姓声称先祖在明朝时就已向官府缴纳鱼税并承办官府船差，他们承担的官府船差可分为桂林、平乐、梧州三府过境的"滇铜"等大宗物资提供捞摸服务，雇觅船

赵知县奉批给发黄冬进等三户印票碑

只、为督宪长官阅兵及贡使过境提供轿马之船两大类，即“例在桂林、平乐、梧州三府地界，倘有滇铜、贡使过境，陡因风雨不测，船坏沉水，或捞或觅；并督宪来粤阅兵轿马之船”。黄、周、廖三姓渔户从而获取了承领粮税即渔课、在桂江“上到兴安观音堰，下到梧州獭水地界”的河道上捕鱼、运输的权利，他姓不得擅自下河打渔。

关于此碑立碑时间，碑文落款时间为“顺治六年七月初七日”，这一点是有疑问的，首先，顺治六年（1649）为南明永历三年（1649），当时桂林还处于南明统治之下，直到顺治七年（1650）十一月孔有德攻占桂林，桂林才初次处于清政府的控制之下，那么此碑为何使用顺治六年（1649）的落款？其次，碑文提及的赵知县与邱知县亦可质疑，查南明史料及光绪《临桂县志》卷二十二《秩官》的记载，只发现有乾隆四十五年（1780）至四十七年（1782）的赵姓知县，并无邱姓知县。此碑很可能是乾隆元年（1736）前后追刻的。

清代广西水上人群无疑是广西漓江、西江、柳江等江河水上航运的重要力量，围绕着地方船差事务，这些水上人群与地方官府进行了一系列的博弈协商，故共同立碑纪事。

（江田祥）

## 越诉的兴安铺户
### ——清雍正二年《万古沾恩》

《万古沾恩》这一石碑现立于桂林市兴安县古严关口西侧凤凰山脚。该碑高151厘米、宽79厘米、厚20厘米，碑文刻于内侧碑面，字径2厘米，文字直书23行，满行有51字，共1100多字。碑文落款时间为“雍正二年二月”，但这一时间与碑文记载不吻合，推测可能是雍正二年（1724）十二月或三年（1725）二月刻立。

这一块碑文主要记载桂林府兴安县铺户王增陶等人，因不堪兴安县衙滥派差役，越级上控至新任广西巡抚李绂，然后李绂责令桂林知府章克让、兴安知县杨朝璘查核，最终广西官府严禁滥派兴安县铺户夫役，并刻碑立于严关口西边路旁，以供往来各色人员、县内官民周知。

兴安县位于湘桂走廊，辖境有南岭五岭之一的越城岭，古严关在今兴安县西狮子山与凤凰山间，地处通省咽喉大道，清代设有严关铺，这里“地当水陆孔道，上下差使络绎”，乾隆《兴安县志》卷二记载：“严关在县西南十七里，两山夹立，中辟一路，为通省咽喉之区。前人于此设关守险。崇祯戊寅奉文修筑城垣、

万古沾恩

关楼。监造灵川县知县程克武，督工灵川县典史陈正谊，并镌名关门石上。”

雍正元年（1723），励精图治的雍正皇帝开始着手整顿驿传制度，以期改革驿站弊病，各省官员们闻风而动，奏报各省驿站之事。雍正皇帝在雍正元年（1723）十月初五日发给兵部的谕令中，已洞察到各省驿站不仅存在驿马短缺、侵蚀草料之费的问题，而且还有按里甲强派百姓喂养牲口、自备物料、跟随守候当差等种种累民之事，因此他下令“该地方督抚将所有驿站逐一彻底清查，缺额者勒限买补，至派借民间牲口，尤当勒石永禁，违者即从重治罪”，十一月二十日后，兵部及各省督抚开始彻查全国驿站夫役之事。

正值两广督抚交替之时，雍正二年（1724）四月，朝廷对两广督抚官员进行了调整，以广西总督孔毓珣为广东、广西总督，以兵部右侍郎李绂为广西巡抚。李绂于六月十二日抵达桂林城，接任广西巡抚。李绂上任广西巡抚后，听取了广西布政使刘廷琛、驿盐道张若霈二人的意见，查核了广西各府驿站现设站夫、站船、水手数额。他认为广西若裁去额设水旱驿夫，而设立夫头临时雇应，实多有不便之处，一遇差使，不仅难以雇募按时应差，而且难免惊扰乡民，累及汉民、害及瑶壮等人群，所以还是因循旧制、无须裁减为便。

在雍正初年雍正皇帝锐意整顿驿传制度、严禁地方滥派夫差的背景下，雍正二年（1724）四月初四日，广西官府接到户部饬文：“各省衙门差使严禁革除，文武衙门自有额设夫役，有滥派扰害小民者，即将滥派各官指名题参，交与该部严加议处”。适逢李绂新任广西巡抚，兴安县铺户王增陶等人具有敏锐的政治嗅觉，精准地把握住了这一良机，越级上控至广西巡抚李绂处，李绂转饬桂林知府章克让查核，经兴安知县杨朝璘确查后上报。兴安县报称严关口等处地方乃兴安县往来桂林之孔道，旧例凡有紧要差使经临及起解钱粮、人犯，俱差派沿线民众，昼则为之扯纤盘坝，遇夜支火递送、支更守护，“此系历来成例，非该县创始沿途等情”。

经过此次审核，李绂将兴安知县杨朝璘“记大过一次”，由桂林府饬文兴安县严禁滥派夫役、扰累小民，并革除县内派夫、护送、支更各项差役，“将派夫、护送、支更各项一并严禁，取具遵依，报查缴奉批，王民何合市街民众等当道永领永载”，最终立碑在严关口西边路边。

这一碑文宣告了雍正帝上台之初的一些惠政，免除了桂林府兴安县严关口铺户的差役，透露出了广西驿传夫役差派途径及其运作实态。但这一碑文并未从根本上革除兴安县滥派驿传夫役之事，按里轮充差役的旧例并未发生改变，地方民众夫役的负担依然沉重。

（江田祥）

## 御史心系乡民革夫役

### ——清嘉庆《奉部督抚藩臬各大宪批示碑记》

碑在南宁市江南区江西镇扬美村魁星楼前，刻于嘉庆年间。碑石两面皆刻有碑文，此碑文为正面，另一面为《禁革各塘夫役条款碑记》，碑文磨损较为严重，约四分之一的字迹已模糊不清或完全缺失。碑文以《皇朝经世文编》卷二十《吏政·六大吏·请厘吏治五事疏》和《续皇清奏议》卷二《嘉庆五年·陈民风吏治疏》等两疏为参照，填补了部分缺失的内容。清嘉庆五年（1800），时任福建道监察御史的广西思恩府上林县（今南宁市上林县）人张鹏展在告假返乡居家期间，看到广西官场积弊丛生，百姓生活苦不堪言，于是不顾朝廷禁止现任官吏干涉本籍地方政务的律法，上书《陈民风吏治疏》，直言极谏广西官场的一些弊病。嘉庆皇帝极为重视，下令将其疏交由部议。

碑文论及清政府在乾隆五十三年（1788）出兵安南之后，民众仍然背负战时差役之事。在战争期间，广西南宁府、镇安府（今德保县）、泗城府（今凌云县）、太平府（今崇左市）、思恩府（今武鸣区）均按户派拨民夫，到沿线各塘堡运送军需物资。但

奉部督抚藩臬各大宪批示碑记

是，战争结束多年后，地方官府仍然沿袭此前做法，派拨民夫为官衙当差，充当免费搬运劳力，每日需夫或数十名或上百名，在塘堡伺候，民夫为此不辞艰辛赶赴塘堡，并且被要求自带粮食，而塘堡无法容纳太多民夫居住，民夫只能风餐露宿，且家中农业生产因此而荒废，为此叫苦连天。另外还有不少地方官吏宣称按照战时惯例，不用给工钱，并且让一些经常出入衙门的长随、幕友、富商等随意领取夫票，以便趁机中饱私囊。

此举致使各塘堡沿线乡民遭受多重压迫，生活日益困苦，有的只能放弃田宅、背井离乡以逃避差役，从而引起了社会局势的动荡，因此受到了朝廷的高度重视。兵部下令查核，经两广总督觉罗吉庆、广西巡抚谢启昆、左江兵备道道台慧林、南宁府知府湍东额、宣化县知县高廷枢层层批示，均表示从严查禁，清查派用夫役中的不法行径，禁革一切超出原定法例的弊端，并要求通饬各州县，允许刊刻石碑，使民众知晓并遵守，不许衙役滥行役使，所有夫役差派均应按照律令规定拨用。扬美村作为清廷出兵安南进军路线上的重要节点，亦是夫役差派较为严重的地方，因此有此碑刻存留于世。

碑刻所在的魁星楼位于今扬美村希望小学内，又称文昌阁，由乡民集资于清乾隆元年（1736）建成，后于道光二十年（1840）重建。魁星楼坐北朝南，占地158.76平方米，面阔3间10米，进深4间10米，高15.30米；穿斗式砖木结构，重檐歇山顶，青砖青瓦清水墙；外形呈方形，像大印，俗称“帝玺”；檐口及屋脊均饰以精美图案，上镶有龙正脊，嵌火焰金球，垂脊和戗脊的端部有吻兽，惟妙惟肖。楼内4根立柱衔接二楼，贯通三楼至阁顶。横梁上悬挂书有楷体“文明”二字的樟木匾，为清道光年间高中解元的扬美村人梁德显手书；登阁而上，至第三层，上奉一神像，即是魁星。阁顶主横梁上书有“乾隆元年岁次丙辰孟春月丙午日庚寅时谷旦阖乡士庶仝鼎建”等字。民间传说，魁星主宰文章兴衰，掌管文人命运。神像右手执笔，左手拿书，右脚提似踢斗，左足踏于鳌头，形成独占鳌头之态。魁星楼于1996年被列为南宁市文物保护单位，2009年被列为自治区级文物保护单位。魁星楼保存如此完好，足可见扬美人崇文重教之风。

（刘方进）

## 苗民的诉求
### ——清光绪四年《禁革怀远县溶江十塘船役告示碑》

此碑于清光绪四年（1878）十月初八日刻立，现存三江侗族自治县丹洲镇丹洲古城北门碑廊。碑高202厘米，宽101厘米。正文22行，满行90字。楷书。碑题及职名行落款大字。

此碑乃晚清代理柳州知府吴炽昌为裁革怀远县（今三江侗族自治县）溶江十塘船役而立，这是广西地方官府专门记载水上交通差役的石刻，较为珍贵。怀远县在柳州府北三百三十里，县境与湖南、贵州交界，万历年间县治迁址县南丹洲岛上，自县治至邻近地区距离遥远，“东至义宁协二百八十里，至永宁营一百四十里，西至贵州古州下江营及黎平营五百八十里，南至庆远协二百五十里，至提标右营柳城汛一百八十里，北至湖南靖州协及绥宁营三百里。”但在明清时期，怀远县并未设置过驿站，亦无固定的交通经费，“僻处山陬，历来未设驿站，并无额编驿站银两”，经过明清两朝地方官府屡次疏浚都柳江航道，怀远县境内的水上交通也日益发达，怀远县地方官员如何治理辖境各地，是个需要解决的问题。

清朝时，怀远县官府设置了水旱塘汛，嘉庆《广西通志》卷

禁革怀远县溶江十塘船役告示碑

一百七十《经政二十》记载了28塘，其中自老堡塘往西北方向溯都柳江至贵州永从县（今黎平县）共有10塘：老堡塘、良口塘、阳溪塘、勇尾塘、敲头塘、富禄塘、青旗塘、匡里塘、沉口塘、梅寨塘，这一段河水就是当时怀远县内的“溶江”。由于县内山区陆路崎岖，县内官员、百姓多使用水路交通传送公文或出行，但官设船只、船夫颇为有限，仅有渡船三只、渡夫三名：“西北二面及四面河口三处，官设渡船各一只，每只夫一名”，因此，溶江沿线十塘的老百姓不得不自发出资置办船只、雇募船夫。

回到此碑所载怀远县各团呈请裁革溶江十塘船役之缘起，怀远知县向先浚奏称“推其源流，其初由苗民权宜自备一二苗船湾泊河干，供应本县各衙门风雨昏夜赍送来往公文谕帖之用，亦非额有定例”，但时间一长，就由临时设置变为固定设置了，“各苗民相安于固然，已成欲罢不能之势”。

碑文所言诉讼主要缘起于近来贵州平定地方动乱、新开六峒之地后，不少散兵游勇由贵州窜入广西怀远县境内，他们不仅假冒官差需索塘船护送，还到苗民家中索取鸡鸭酒食、火把供应，“边防未撤，各游勇假冒官差需索塘船护送，实繁有徒”。这些为数不多的塘船乃出于十塘苗民供派，长年守候之饭食以及每塘修整船只篙桨篷缆之费，都取资于塘夫，他们在冰天雪地中冒冻腹枵、牵缆撑篙，这些额外的需索让这些苗民不堪重负，因此他们纷纷上诉至县衙、经县衙上达知府、按察使司、巡抚各级官员。

碑文记载的官员分别有怀远知县向先浚、署理柳州知府吴炽昌、署广西按察使司庆爱、广西巡抚杨重雅等人。知县向先浚于同治十三年（1874）自平乐府修仁县调任怀远县，他禀请裁革溶江十塘船役以纾民困的缘由时，也查找了此船役的由来，“遵查此项塘役从前并未设有，故乾隆年间禁碑章程只有夫役，并无塘船。迨后不知始于何年，亦无旧章可查。”署理柳州知府吴炽昌亦称：“郡城前遭兵燹，文卷毁失，并无此案旧章可查”。乾隆至嘉庆年间，广西曾多次刊立夫役章程的禁碑，并无关于使用船役的规章，因此这宗船役诉讼案并无旧例可循。

知县向先浚先出示晓谕溶江十塘团绅称，如先将沿河道路修通，翦除荆棘，令成坦途大道，以便赍送往来公文，然后他请颁宪示刊碑禁革。如今十塘团绅等禀复已将十塘陆路开辟通行，他也让县内各铺司“添募跑役，俱有食，或由陆路，或由水程，听其自行雇船，悉从其便，不准再用塘船递送”，这样就不妨碍赍送公文及差事往来。但日后如有军需大差过境，须用苗船载送之时，则不在此例。

经过柳州府、广西按察使司、广西巡抚各级官员层层审理，最终柳州府颁发告示，明确告知怀远县溶江十塘过往差勇人等：“现在十塘陆路业经该县饬据团绅开辟通行，即应遵将塘船永远禁革，嗣后文武衙门赍送一切公文以及营勇官差人等均不得需索塘船，而滋扰累，以除积弊。该十塘船役人等亦即将此示勒石，俾资遵守。”这一碑刻很可能分别立在溶江沿线十塘河岸，据载三江侗族自治县富禄乡匡里村青旗屯外溶江河岸也立有同样的碑刻，落款“光绪四年十一月十五日示，发青旗塘人民勒碑子孙永远裁革”。

清代广西各地有关船役的石刻较为少见，三江侗族自治县这一通告示碑体现了柳州府怀远县溶江十塘苗民积极维护自己的利益，也折射出清代广西基层社会水路交通管理的复杂性。

（江田祥）

## 桂柳运河沿线的山地纠纷
### ——民国十三年《桂林地方审判厅长陈祖信布告碑》

碑在桂林市雁山区社门岭村关帝庙的废墟上，刻于民国十三年（1924）。碑文讲述了民国时期桂林法院对社门岭村和竹园村争端的裁定情况，即明确猪头石岭、黄泥壁岭归社门岭村人占有，炭底路岭、中间路岭、莲子三岭归竹园村人占有，社门岭村人补给竹园村人地价一百五十千文。而社公陡、新河陡、瑶陡、门槛陡、牛尾陡、七星陡、桥陡、太平陡八陡则照旧为共同管有，以十日为期，轮流值管，陡夫为竹园村充当，铺役则为社门岭村充当，官府所发饷银，陡夫、铺役均分，这应该是百年缠讼的最后结果。早在嘉庆二十一年（1816），竹园村的告示碑就曾记载了两村因附近四座山岭的权属问题而进行过诉讼，当时官府的判决中规定都司岭属于两村的公共财产，由两村轮流管理，但此判决并未让两村村民认同，此后纷争依然不断乃至缠讼多年。

在桂柳运河的差役中，社门岭村人为铺役，竹园村人做陡夫，两村均为桂柳运河系统的运转服务。竹园村和社门岭村均处桂柳运河岸边，且村民都姓刘，大部分居民以守陡为生，当地有句俗语云“三天不过船，盐斗油斗都是空”，足可见运河对于两村的重要性。随着人口的增加，有限的资源迫使两村的关系越来越紧张，由此引发了数次纠纷。竹园村亦遗存有一方刻于民国十三年（1924）的布告碑，名为《桂林县公署布告碑》，碑文内容大体与社门岭村的布告碑相同，但叙述口吻有一定区别，碑文称通过团总、地邻等公证人的协调，最终达成了协议，明确了各山岭的产权归属和各应承担的守陡义务，约定了对桂柳运河的管理办法，内容上提及山岭的内容多一些，提及陡门的内容偏少且不够详细，既没有说明具体有哪几处陡门属于两村争议范围，也没有提到陡夫和铺役的分工及饷银的分配问题。

桂林地方审判厅长陈祖信布告碑（唐凌老师提供）

桂柳运河，又叫相思埭、临桂陡河。《新唐书》记载：“有相思埭，长寿元年筑，分相思水使东西流。”其有效地沟通了漓江与柳江两大流域，曾在唐代官府运兵转饷开拓西南边疆的过程中起到了一定作用。此后宋、元、明三朝，史籍对其记载较少，至清代形势逆转，雍正年间的几次大修，奠定了后面近两百年桂柳运河繁荣的基础。然而人工运河尤其是在岭南山区修凿的运河，并不像北方平原的运河一样容易修浚和通航，因为落差较高的缘故，需要修筑大量抬高水位的设施——陡门，以保障运河的畅通。因自然原因或人为因素，陡门很容易遭到损坏，为保证航运畅通，清政府设置了不少守陡人，以便维护陡门正常使用和为过往船只提供方便。每陡设夫二名，还有渠目、陡长、塘长等管理者，其待遇是相对固定和丰厚的，此外在为过往民船提供服务时还有一些额外收入，因此有不少人愿意从事这一职业，社门岭村和竹园村人就是其中的一个群体，他们之间有合作也有争斗。合作则因同属于一个群体，工作上须相互协作，而斗争则多因山岭、守陡权等资源的紧张而产生纠纷。

桂柳运河被誉为“黔粤通津”，不仅商贾得其运输、贸易之利，而且沿线村庄也得其灌溉、出行之益，有效地促进了运河沿线经济开发和商业市场的培育，大大地强化了桂林区域交通中心的地位。由碑文可知，桂柳运河在民国时期仍在使用，而且官府对其还很重视，仍旧发饷银以保障运河的畅通。随着公路的发展和新式交通工具的普及，桂柳运河的作用逐渐式微，直至默默无闻。

（刘方进）

# 关隘要塞

## 郁江水路的保护神
### ——明嘉靖八年《伏波将军庙碑》

此碑在横州市云表镇六河村龙门塘坡西南郁江乌蛮滩北岸的伏波庙内，刻于嘉靖八年（1529）。碑文由时任南宁知府的蒋山卿撰写，首先叙述了东汉时期伏波将军马援率军平定交趾二征之乱的故事，对马援平定南疆、治理一方的历史功绩进行了赞颂，然后记述了王阳明路过伏波庙时，拜谒伏波将军时的情景，叙述了地方官府重修伏波庙的始末，最后附列了参与重修工程之主要官员的姓名职务。马援南征对于岭南地区影响深远，史载东汉光武帝建武十六年（40），交趾郡豪族首领诗索因故被交趾太守苏定绳之以法，其妻征侧愤然，与其妹征贰起兵反叛，伏波将军马援率军南征，平定二征之乱。马援在岭南地区推行了一系列恢复生产、稳定社会秩序的举措，维护了国家统一，巩固了南部边疆。马援死后被封为忠成侯，历朝历代均对马援尊崇有加，民间更是将马援神化为地方保护神，逐渐在岭南地区形成了一个以马援为主神的祭祀圈，横州乌蛮滩伏波庙最具代表性。

据传，乌蛮滩伏波庙始建于东汉时期，有文献及实物可证的

伏波将军庙碑

建庙时间为北宋庆历六年（1046），今存北宋《伏波庙记》残碑及背面《敕牒》可为佐证。根据《伏波庙记》残碑以及《徐霞客游记》的记录可知，北宋广南西路横州知州伍粹（一作“任粹”）在任期间，见原伏波庙残破狭小，与其在当地百姓中的威望极不相称，乃申报朝廷，大兴土木，按正庙形制修缮重建，正殿、翼殿、后殿、廊庑等一应俱全。南宋时期曾名“威武庙”，明清时期称“伏波祠”。现存的伏波庙为明清时期的建筑，是广西遗存的五座明代木构架建筑之一，也是两广一带规模最大、保存最好的纪念马援的庙宇。伏波庙坐北朝南，为三进两院式布局，沿中轴线由南向北依次有钟鼓楼、牌坊、前殿、回廊、祭坛亭、正殿、后殿等，占地面积约1600平方米，建筑面积约990平方米。整座庙宇气势雄伟，布局严谨，雕梁画栋，对联题词丰富，是岭南建筑的典型代表，具有较高的历史价值和艺术价值。1994年7月，乌蛮滩伏波庙被列为自治区级文物保护单位。2013年3月，被列为第七批全国重点文物保护单位。

乌蛮滩，又名乌岩滩、大滩，“乌蛮积翠”为横州古八景之一。这一带水流湍急，礁石密布，极难通航，过往船只甚为畏惧。相传马援曾率将士在此安营扎寨，清理礁石，疏通航道，当地人遂立庙祀之以求平安，同时将乌蛮滩更名为伏波大滩。乌蛮滩还有一个名称——“起敬滩”，是明代南宁知府王贞吉嫌“蛮”不雅，有不敬之嫌，乃于嘉靖二十九年（1550）十月强行改之。今庙前有王贞吉题写的《起敬滩》碑刻，题曰：“此滩昔名‘乌蛮’，今更‘起敬’，往来士民请再勿呼旧名。”在横州一带，伏波将军马援的影响很大，当地民众至今仍有每年农历四月十四自发举行庙会以祭奠马援的传统民俗，庙会活动规模宏大、内容丰富、独具特色，2007年伏波庙会被列入第一批自治区级非物质文化遗产名录。

西江水道是古代中原地区与岭南地区人口流移的通道，亦是经济交流和文化传播的廊道。唐宋以降，西江水系作为两广水运的大通道，作用愈发凸显。自南宋起，两广之间形成了“西米东运”“东盐西销”的商贸格局，舟楫穿梭，帆樯如林。清代以来，广东经济对广西的影响愈加强烈，有“无东不成市”“无市不趋东”之说。横州乌蛮滩伏波庙内存有相当多清代重修的捐资题名碑，其中不少捐资客商为粤商、湘商。如乾隆二十一年（1756）刻立的《鼎建后殿碑记》，包括了标注为云南、南海、江南、姑苏等地的客商和店铺参与捐款重修，甚至出现了“粤海关”这样的捐资题名，足可证明清时期西江水道作为两广经济文化大通道的历史。

（刘方进）

## 通衢要隘的维修
### ——清康熙二十八年《严关口旱塘刻定额例碑记》

此摩崖在桂林市兴安县严关镇古严关旧址左侧山脚的崖壁上，刻于康熙二十八年（1689）。碑文主要记载了康熙年间严关口旱塘夫役摊派纠纷的情况：兴安县水旱陆路塘卡原有一十二塘，后增加一塘。按照规定，这些塘卡的修造要求是，旱塘要有邮亭、高楼、木架、牌坊等设施，水塘要有旗锣、哨船等设施，两者俱要油漆、妆画、麒麟、粉壁。在清代，严关虽然作为一个普通的塘卡，但因其属于“通衢要隘”之地，比一般塘卡更为重要，因此其配置相对完善，差役也更为繁重，所以附近的居民既受其利也受其累。塘卡修缮的夫役由附近都里乡民承担，本应由北乡八都一里、九都二里负责修缮，但地方官府要求西十都一里协助修理严关口等水旱二塘，乡民们认为这一差役本不用他们来承担，于是赴县呈控上诉，要求书明粮石，开载都图，刻定额例，明确各自的差役，遂在严关口凤凰山崖壁上刻下了这一事件的缘起、相应差役和差粮承担对象。

古代官府因军事防御、掌控交通、维护稳定的需要，在越城

严关口旱塘刻定额例碑记（拓片）

岭和都庞岭一带设置了不少关隘，如名气较大的关隘自西而东依次有严关、黄沙关、永安关、龙虎关、谢沐关、湟溪关、阳山关、横浦关、梅关等，严关当属其中最为重要的关隘，自古为控扼岭南的兵家必争之地。严关位于狮子山与凤凰山之间，这里群山连绵，巉岩峭壁，中间仅一线之地可通，为湘桂走廊之交通要隘，故顾祖禹称之为“楚粤之咽喉”。关北凤凰山，如凤凰展翅，逶迤向北，接越城岭山脉；关南狮子山，似狮子昂头，南面山脚下为灵渠，曾建有水关，扼控来往船只，距严关二里许还有一个小严关。同时，严关在清代亦作为一个重要驿站设有严关铺，在陆路上成为兴安通往灵川官马大道上的连接节点，以及在水路上作为灵渠旁边的重要陆路卡点，起着保护桂林乃至广西地方、控扼桂林水陆交通和经济命脉的重要作用。

现存的严关为明代重建，全部用条石砌成，长43.5米，高5.2米，厚8.2米。关中之门宽2.9米，高3.7米。城门洞分前后两重拱券，中间露顶，关上曾建有关楼。现存的关墙建于明末崇祯十一年（1638），由灵川知县及典史监造和督工，关门洞有石刻记载此事：“崇祯戊寅，布政司详奉两院稽古建关。是年仲夏鸟集，己卯草春告成。监造灵川县知县程克武，督工灵川县典史陈正谊记石。”当时明朝政权正处于风雨飘摇之际，重修严关以做防备是为紧急事务，而在后来南明政权与清政权的对抗中，严关在军事防御上也确实发挥了作用。此次修筑以后，经过了一百多年，关墙都未曾再修缮过，直到咸丰元年（1851），太平军北上桂林，兴安知县商昌惧怕太平军进攻兴安，遂重新大修了严关关墙和关

严关口旱塘刻定额例碑记

楼，其题额现仍存于城墙券洞的条石上，其文为:“署兴安县事商昌重建。古严关。咸丰辛亥孟冬谷旦立。”然而，太平军并未由灵川向东北过严关攻打兴安，而是绕海洋山小道攻打兴安县城。此后直到1943年，为修建防御日军的炮台，最后将关楼拆除了。

严关始建于何时及其名称的由来，历史上说法不一。宋人周去非和清人黄海认为严关始建于秦代，为秦始皇发兵戍五岭时的产物，属于秦城之遗迹。明末清初的顾祖禹则认为严关始建于汉代，系汉归义侯越严于汉武帝元鼎五年（前112）出零陵、下漓水，平南越国时所建，因越严建关，故称“严关”；或认为此关当隘路，控楚粤之咽喉，故以“严”名之。又因宋人范成大在《桂海虞衡志》中描述严关时有这么一句话“朔雪至关辄止，大盛则度关至桂林城下，不复南矣”，亦即越过严关就进入了炎热的岭南，因此有“炎关”一说。不管哪种说法，严关都至少已有上千年的历史，当为史籍记载中广西最古老的关隘之一。严关附近崖壁保存有宋以来摩崖石刻十七方，较早进行题刻的人有宋徽宗政和五年（1115）时任广西安抚经略使兼桂州知州的程邻、宋宁宗开禧二年（1206）任广西转运使的陈巩和宋宁宗嘉定九年（1216）任广西转运判官的方信孺，这些摩崖石刻不失为自古以来严关作为湘桂交通孔道上重要关口的历史见证。

（刘方进）

# 旧时的减负公文
## ——清嘉庆五年《灵川县禁私派各汛塘房修费碑记》

碑现存桂林市灵川县三街镇一座名为“书苑”遗址的院墙上，刻于嘉庆五年（1800）。碑文为官府告示，记载了清道光年间灵川知县禁止里差私自向粮户派收各汛塘房修理费用的前因后果。碑文指出，灵川县曾在很长一段时期内，存在里差罔顾法纪、营私舞弊，私自向粮户摊派修理塘房费用的现象，而粮户视为常规，不敢向上控诉，不仅使得应修的塘房得不到修缮，而且造成正常的税粮难以上缴，严重干扰了地方政府的运转。为保障粮户税粮的正常征收以及塘房的常规修缮，灵川县下令革除这一积弊，于是发布了此告示。里民将此告示刻石公示，广而告之，以保障这一举措的贯彻落实。

清代实行八旗和绿营兵制，八旗兵主要用于拱卫京师，绿营兵则用于镇守地方。绿营制的一个原则是因地设官，因官设兵，其中汛是最基础的。每个汛地分小部分兵力防守在其驻扎地的中心，大部分兵力则分置于其辖区各个交通要道，称作“塘”，置于陆路的称作“旱塘”，置于水路的称为“水塘”，其主要任务是

灵川县禁私派各汛塘房修费碑记

缉捕要犯、防守驿道、护卫行人和缉查匪类。部分地处驿路上的“塘”兼具递送公文与巡防地方的责任。每个塘都建有塘房，具备一定的设施，以供塘兵居住和发挥作用，一应费用均由地方官府承担，具体的钱粮和差役则是摊派到附近居民身上，因缺少监管和政策不够公开透明，在此过程中容易出现衙役、里差营私舞弊的现象，清代中后期广西各地就出现了不少关于塘房修缮的纠纷案件，灵川县这一告示即是其中的一个例证。

碑刻所在地三街镇位于灵川县中北部，处于漓江上游的湘桂走廊南端，地处越城岭余脉香炉峰东南的北障山下，西北靠越城岭东南麓，东北靠海洋山西南麓，其间丘陵起伏，漓江从中穿流而过，成为湘桂走廊的咽喉地段，属于桂林通往京师官马大道上的重要节点。特殊的地理位置，决定了三街镇特殊的历史地位。自唐高宗龙朔二年（662）始到1954年止，三街镇一直是灵川县县治所在地。如今所见的三街古镇始建于明代，是广西保存比较好的古县城之一。古城墙周长四百二十五丈，宽一丈三尺，高一丈六尺，设有五个城门。古城初建成时，因有东街、北街、南街三大主要街道而得名三街，随着人口的增加，各条街道又相继建成了以姓氏命名的全家、黄家、张家、陈家等六条巷道。为日常生活用水之便，各街巷居民凿掘出了姚家、郭家、宅里、南寺、苑家、义井、张家、兴隆和陆家等9口井。故此，明代中期之后，古城便形成了“三街六巷九井”的格局。

从古城南下或北上，均可见到一些至今保存较为完好的古驿道，其与驿、铺、塘连接成一条完整的驿传线路，在联通桂林与京师上起到了重要的中转作用。现存的三街古驿道主要由三个部分组成，即主道、副道、中心轴线，其中副道分左副道、右副道，中心轴线由大块的片石铺垫而成，将主道分成左主道、右主道，主道和副道相对高差15厘米左右，绝大多数地方用鹅卵石呈“人”字形错位钉镶铺垫，驿道宽约3米，其中主道和中心轴线约1.5米，副道各0.75米。每到一乡村聚落，或村或亭或铺，道路扩至7米，主道约2米，副道约2.4米，两端还有条石镶砌。三街驿道当属桂林府东江驿通往京师皇华驿的官马大路，这条贯通南北经济文化传输要道，在秦统一岭南后的两千多年里，对促进桂东北乃至整个广西的经济发展和文化交流均有着重要意义。

（刘方进）

# 潇贺古道上的明珠

## ——清道光十年富川《重修南城楼碑记》

碑在贺州市富川瑶族自治县古明城南城楼墙上，刻于道光十年（1830）。碑文首先讲述了富川古明城的修建历史，即修建于明弘治十三年（1500），经由矮石堡各千户提请，筑土城为守御场所，建起了东、南、西、北四大城门及城楼和城垛。然后叙述了清乾隆八年（1743）的大修情况，即将城门砖墙改为石墙，修缮女墙、兵卡及城壕，当时护城之墙周长六百三十四丈（相当于2113米），高一丈八尺（相当于6米），墙顶宽八尺（相当于2.7米），设有防御垛口909个，城东西相距500米，南北相距600米。最后描述当时各城门的现状，西门常年封闭不开，北城门楼祀武帝，东城门楼祀文昌，经常小修小补不致倾圮，但南城门却未得到及时修葺，面临倾倒之忧。富川知县唐下车为此忧虑伤怀，带头捐俸重修南城楼，选派了诸葛载舆、周常珍两人负责整个工程。在竣工之后，祀北帝于城楼，同时刻碑记载此事。

古明城位于富川县都庞岭余脉的西屏山下，富江上游西岸的瞭高岭旁，地处中原南下岭南的通道——潇贺古道的交通节点上。

● 重修南城楼碑记

古道自湖南永州、道县、江永南下，经富川由水陆两路直达贺州再至广东封开。古富川的县治在今钟山县境内，现今的古明城在当时称富阳镇，是古道上的重要节点，接待经古道南下贺州、梧州的官吏及信使。直到明洪武年间，富阳镇开始建立城池，成为富川县治，所以一些专家学者据此称富阳镇为“古明城”。县志记载，古明城建于明洪武二十九年（1396），开始为土墙，名曰土城。弘治年间大修过一次，万历年间改为青砖护砌的高墙。城之南隅有七层古塔，塔下有慈云寺，与城北蟠龙山和城东马鞍山遥相对峙，形成天然屏障，是一座进可攻、退可守的军事古城，也是广西保存比较完整的古城之一，已于1994年列为自治区级文物保护单位。

古明城有四座城门，东曰“升平”，南称“向日”，西为“泰定”，北名“迎恩”，每座城门造型大同小异，由整齐平滑的大青石块砌成，城门高6.5米，中道门高5.1米，宽4米，纵深14.7米，城门门墙内窄外宽，各门顶上均有城楼，雕栏飞檐，坚固结实，雄伟壮观。护城河长2113米，深2.1米，其与富江相通，常年深水环护。此外，城内还筑有“四漏”“九井”“四塘”等设施，“四漏”就是每座城门的地下通道，在进城的右侧地下，筑有一条高1.5米、宽0.8米的地道沟通城内外，平时用作城内排水道，战时用作军事通道。“九井”指城内的九口水井，“四塘”是指每座城楼旁边的池塘，两者皆可用于防火灭火，若城堡被围则可提供生活用水。

历经600多年的风雨沧桑，古明城依然完好地保存着明清和民国时期的民居、会馆、商行、客栈、灯楼、镖局、作坊、祠堂、寺院等古建筑360余栋，总面积近30万平方米，其规模之大、建筑之奇、保存之好为岭南罕见。城内以“十”字对称，共有4条街道16条巷道，古街分别叫镇升、仁义、镇武、阳寿，交叉分成12方阵，呈“井”字形布局。街道宽3米左右，路面全用鹅卵石镶嵌成金钱图案，古雅别致，俗称“花街”。各条街道都有“子精楼”，也称“灯楼”，由众人推举的“灯头”轮流管理。城内设有三署（县衙署、教谕署、麦岭同知署）、三庙（文庙、关帝庙、城隍庙）、三寺（慈云寺、护国寺、报恩寺）、三塔（护城塔、瑞光塔、文光塔）、三书院（富江书院、文庙学宫、义学）、三会馆（山西会馆、湖南会馆、广东会馆）、三戏班（韶武轩、三和轩、永乐轩），还有八座戏台、九座灯楼和十座祠堂等古代行政、商贸、文化机构和设施。城内辖百户千居，街巷井然，民风淳朴，作坊密布，商贸兴隆，成为名噪三省的“古道名城”。

（刘方进）